신 없는 사람들

IVP(InterVarsity Press)는
캠퍼스와 세상 속의 하나님 나라 운동을 지향하는
IVF(InterVarsity Christian Fellowship)의 출판부로
생각하는 그리스도인을 위한 문서 운동을 실천합니다.

Why God Won't Go Away?
Copyright © 2011 Alister McGrath
Translated by permission of the Society for Promoting Christian Knowledge
36 Causton Street, London SW1P 4ST, England
This Korean Edition was published through arrangement of rMaeng2,
Seoul, Republic of Korea.
All rights reserved.

Korean Edition © 2012 by Korea InterVarsity Press
156-10 Donggyo-Ro, Mapo-Gu, Seoul 04031, Korea

본 저작물의 한국어판 저작권은 알맹2 에이전시를 통하여
SPCK와 독점 계약한 IVP에 있습니다.
신 저작권법에 의하여 한국 내에서 보호받는 저작물이므로
무단 전재와 무단 복제를 금합니다.

알리스터 맥그래스

브루스와 필리스 비어드에게

차례

서론　　　　　　9

1부 새로운 무신론의 정체
　　1. 새로운 무신론의 등장　　　　17
　　2. 새로운 무신론의 '새로움'　　　55

2부 새로운 무신론의 주장들
　　3. 종교는 폭력적이다　　　91
　　4. 종교는 비이성적이다　　117
　　5. 종교는 비과학적이다　　149

3부 새로운 무신론의 미래
　　6. 새로운 무신론의 현재　　185
　　7. 새로운 무신론을 넘어　　195

더 읽을 책　　　203

서론

2001년 9월, 미국 내 목표 지점을 겨냥한 조직적 자살 테러가 잇따라 일어났다. 이슬람 테러리스트들에게 납치된 여객기 네 대 가운데 세 대가 뉴욕과 워싱턴 D.C.의 주요 건물로 돌진해 수많은 사람들의 목숨을 앗아 갔다. 이 일련의 사건들을 가리켜 사람들은 이제 간단히 '9/11'이라고 부른다. 당시 이 자살 테러 사건이 전 세계 사람들에게 준 충격이 얼마나 대단했던지, 이제 돌이킬 수 없을 정도로 세상이 무섭게 변했다는 비관적 생각이 전 세계적으로 확산됐을 정도였다. 그 후 소위 '테러와의 전쟁'이 조지 부시 대통령 재임 기간 중 가장 두드러진 의제로 떠올랐고, 미국과 미국의 동맹국들은 이라크와 아프가니스탄 분쟁에 적극 가담하기 시작했다. 종교적 광신이 낳은 치명적 결과를 바라보는 대중의 우려는 이런 식으로 새로운 전환을 맞이했다.

여러 측면에서 볼 때 이 마지막 사항은, 이제 새로운 무신론(New Atheism)[1]으로 알려진 이 운동이 21세기의 첫 십 년에 왜 갑자기 등장했는지를 이해하는 데 특히 중요하다. 리처드 도킨스(Richard Dawkins)를 비롯한 몇몇 무신론 저자들은, 종교가 오랜 세월 동안 크게 달라진 바

없으며 여전히 비합리적이고 위험하다고까지 주장했는데, 그들의 주장이 갑자기 매력적일 뿐만 아니라 문화적으로도 그럴듯하게 들리기 시작했다. 사람들은 9/11의 책임을 전가할 어떤 대상을 절실하게 찾고 있었고, 마침 이슬람 종교 광신주의는 이런 악행을 저지를 분명한 후보 중 하나로 등장했다. 잔혹한 만행에 분노하는 격앙된 분위기 속에서 이렇게 '이슬람의 종교 광신주의'는 처음에는 '종교 광신주의'로, 나중에는 그냥 '종교'로 축약되어 버렸다.

리처드 도킨스는 서구 자유주의 진영에서 일어난 이런 문화적 분위기의 변화에서 핵심적인 역할을 했다. 9/11이 그가 늘 신봉한 바, 곧 종교는 비이성적이고, 또 이성적 논쟁에서 이기지 못할 경우 본래 테러라는 물리적 폭력에 기대는 경향이 있기에 매우 위험하다는 신념을 정확히 확인해 주었기 때문이다. 자살 테러가 발생한 나흘 뒤 도킨스는 다음과 같이 말했다. "종교 또는 아브라함 계열의 종교로 세상을 채우는 것은 장전된 총을 거리에 방치해 두는 것과 다를 바 없다. 총기 사건이 일어나더라도 결코 놀라지 말라."[2)]

많은 사람들은 이런 주장이 터무니없고 너무 단순한 생각이라고 무시했다. 하지만 그를 진실을 말하는 용기 있는 사상가로 평가하는 사람들도 많았다. 종교는 위험하다. 종교는 존중해야 할 대상이 아니라 경계해야 할 대상이다. 그리고 가능한 한 없애 버려야 한다. 종교는 언제 터질지 모르는 시한폭탄 같은 것이다. 종교는 사람들의 생명을 언제 앗아 갈지 모르는 장전된 총과 같다. 몇 년 후 "종교는 살인마다"라고 크리스토퍼 히친스(Christopher Hitchens)가 자신의 감정적 강도에 정확히 어울리는 함축적 언어로 제대로 표현했듯이, 9/11 테러는 새로운 무신론으로 도약하기 위한 지적·도덕적 발판이 되어야 했다.

새로운 무신론자들의 의도가 종교를 논쟁의 주제로 올리려는 것이었다면, 그것은 확실히 성공적이었다. 신(God, 대체로 '신'이라는 일반적 표현을 사용하되, 기독교적으로 사용할 경우 '하나님'이라고 표기함—옮긴이)에 대해 이야기하려는 사람들이 폭발적으로 늘어났으니 말이다. 솔직히 나를 비롯한 많은 이들은 이 논쟁을 적극 환영했다. 의도적이진 않았겠지만 새로운 무신론자들로 인해 신앙의 합리성, 종교와 과학의 관계, 믿음과 폭력 사이의 연관성, 종교의 사회적 위치 등과 같이 무척 중요한 문제들을 진지하게 다룰 수 있게 되었기 때문이다. 오랜 세월 동안 누구도 관심을 갖지 않았고, 한물간 문제라고 치부해 버렸던 문제들을 말이다. 세상에서 가장 흥미로운 대화가 이제 막 시작되었다. 물론 새로운 무신론자들도 다른 사람들이 이 논쟁에 참여해 토론하는 것을 결코 반대하지 않을 것이다. 나눠야 할 이야기들이 정말 많다.

왜 그런가? 신은 결코 사라지지 않기 때문이다. 신이 죽었다는 확신으로, 21세기 특집호에 신의 사망 기사를 실었던 영향력 있는 영국 잡지 "이코노미스트"(*The Economist*)는 2007년 정정 기사를 실어야 하는 처지가 되었다. 종교가 대중의 생활과 공적인 토론 장소로 돌아왔다고 말이다.[3] 이제는 많은 이들이, 새로운 무신론자들이 조금은 진부한 모습을 보이며 식상한 주장을 하기 시작했다고 지적하고 있다. 새롭고 혁신적인 것처럼 보였지만, 실은 케케묵은 논증을 되풀이하고 있다고 말이다.

이 책에서 나는 주로 네 명의 손꼽히는 새로운 무신론 대표자들의 저서에 언급된 내용을 중심으로 그들의 사상을 다룰 것이다. 리처드 도킨스와 대니얼 데닛(Daniel Dennett), 샘 해리스(Sam Harris), 그리고 크리스토퍼 히친스가 그들이다. 하지만 나는 이 논의를 이들 네 명의 사상가에 국한하지 않고 좀더 넓은 범위로 확대할 것이다. 이 점은 매우 중요한데, 그 이유는 새로운 무신론의 가장 두드러진 특징 가운데 하나가 바로 새로운 무신론이 낳은 '온라인 커뮤니티'들이기 때문이다. 새로운 무신론자들의 사상이 어떻게 웹 사이트나 블로그를 통해 옹호되고 전파되는가? 그 웹 사이트와 블로그가 이 운동의 기치와 우려를 이해하고, 이 운동이 사회 전반에 내놓는 주장을 이해하는 데 어떤 도움을 주는가?

우리는 적당한 시점에 이 문제들을 다룰 것이다. 그러나 맨 먼저 우리는 새로운 무신론이 어떻게 등장했으며, 대중의 이목을 어떻게 끌게 되었는지 그 과정을 정리하고, 그 고유한 특징이 무엇인지를 파악해야 한다.

주

1) '새로운 무신론'은 이 책 전체에서 현재 이런 이름으로 알려진 운동을 구체적으로 지칭한다. 이 용어는 '무신론의 최근 형태'라는 포괄적인 일반 개념과는 다르다.
2) Richard Dawkins, "Religion's Misguided Missiles". *The Guardian*, 15 September 2001.
3) "In God's Name: A Special Report on Religion and Public Life". *The Economist*, 3 November 2007.

1부
새로운 무신론의 정체

1. 새로운 무신론의 등장

'새로운 무신론'이란 용어는 2006년에 처음 만들어졌다. 저널리스트 게리 울프(Gary Wolf)는 "미래를 예측하고, 또 알기 원하는 지적 호기심이 충만한 사람들"을 겨냥한 영국 잡지 "와이어드"(*Wired*)에 실을 기사를 쓰고 있었다. 그는 무신론을 설파하는 베스트셀러 도서로 대중매체의 시선을 끌었던 세 사람을 지칭할 산뜻한 문구를 찾고 있었다. 그 세 사람이란 2004년 「종교의 종말」(*The End of Faith*)을 쓴 샘 해리스와 2006년 「만들어진 신」(*The God Delusion*)을 쓴 리처드 도킨스, 그리고 2006년 「주문을 깨다」(*Breaking the Spell*)를 쓴 대니얼 데닛이다. 이 저자들은 이미 여러 그룹들을 통해 서로 연결되어 있었는데, 그 중 가장 잘 알려진 것은 존 브록만(John Brockman)의 '엣지'(Edge)라는 네트워크다.[1] 이 그룹은 가장 총체적이고 세련된 지성을 찾아 "세상 지식의 최전선에 가서 그들을 한 공간으로 불러내어, 자신들의 문제들에 대해 서로 질문하고 답하게 하는 것"을 목적으로 하고 있었다. 울프는 도킨스와 해리스, 데닛의 방법—무신론에 대한 열광적인 지지, 그리고 종교적 신념과 종교를 존중하는 문화적 풍토 모두에 대한 가차 없는 비판[2]—을 지칭하기 위해

'새로운 무신론'이라는 표현을 만들어 냈다.

크리스토퍼 히친스의 「신은 위대하지 않다」(*God Is Not Great*)가 무신론 분야의 최고 베스트셀러가 되자 이 운동은 새로운 영웅을 얻었고, '네 명의 기수'라는 표현이 이 저자들을 지칭하는 일반적인 말로 사용되기 시작했다. 이들은 순식간에 유명 인사의 반열에 올라, 새로운 무신론을 공동으로 설파하는 지적·문화적 선봉장으로 인정받았다.[3]

이들은 누구이며, 어디에서 왔는가? 또 이들이 내건 기치는 무엇인가? 새로운 무신론의 핵심 사상을 자세히 다루기 전에, 네 명의 주요 주창자들과 그들이 책에서 전개하는 접근 방법에 대해 조금 더 알아보는 게 순리이지 싶다. 우리는 이를 1967년생인 샘 해리스를 살펴봄으로써 시작할 것이다. 왜냐하면 그의 「종교의 종말」은 나중에 리처드 도킨스와 크리스토퍼 히친스가 쓴 훨씬 더 중요한 책의 토대를 놓은 책으로 널리 인정받고 있고 있기 때문이다.

샘 해리스

당시만 해도 무명이던 이 미국인 저자는 「종교의 종말」에서 종교를 9/11 대재난의 주요 원인으로 이해하면서, 종교를 향해 강력한 독설을 날리며 공격을 퍼부었다. 이 책은 다음과 같은 분노로 점철되어 있다. 미국과 같은 합리적인 나라에서 어떻게 그런 잔혹한 행위가 벌어질 수 있단 말인가? 종교가 여전히 잔존하고 있는 오늘날의 현실은 인간 지성의 현재 상황에 대해 무엇을 시사하는가? 어떻게 하면 신이 존재한다는 위험천만한 망상을 이 나라에서 몰아낼 수 있는가?

해리스는 9/11의 직접적인 원인이 호전적인 이슬람이라는 사실을 일면 인정하면서도, 결국은 이슬람 전체를 싸잡아 혹평한다. "지금 우리는 일부 극단주의자에게 '납치'되지만 않았더라면 평화로웠을 종교와 교전을 벌이고 있는 것이 아니다. 우리는 모든 무슬림이 당연시하는 삶의 비전과 교전을 벌이고 있다." 하지만 그의 생각은 여기에서 멈추지 않는다. 그는 기독교와 유대교 역시 이 재난에 대해 마땅히 책임이 있다고 주장한다. 그의 주장에 의하면 특정 형태의 종교가 아니라 종교 자체가 문제이기 때문이다. 광신적 이슬람은 종교적 신념의 비합리성과 역기능을 보여 주는 지극히 극단적인 하나의 사례일 뿐이다. 그의 주장을 요약하면, 아무도 신을 믿지 않는다면, 세상은 더 나은 곳이 될 것이라는 것이다.

「종교의 종말」에서 해리스의 일차적인 관심이 무신론을 옹호하는 것이 아니라, 종교를 위험한 망상으로 묘사하는 데 있음을 우리는 주목할 필요가 있다. 예컨대 그는 기도처럼 정신질환 증상으로 여겨 마땅한 관념들이 서구 문화에서 용인되는 이유는, 단지 우리가 그런 종교에 오랫동안 익숙해 있었기 때문이라고 주장한다. 또한 온건한 종교인들로 인해 극단적인 종교의 위험을 보지 못할 뿐이지, 극단주의나 광신이 아니라 근본적으로 그런 태도를 낳게 하는 종교 자체에 문제가 있다는 것이 그의 생각이다.

책이 출간된 직후 나는 복잡한 심정으로 그 책을 읽었다. 종교가 문제시될 수 있다는 해리스의 의견에 나는 전적으로 공감한다. 나 자신이 젊은 시절에 무신론자였던 이유 중 하나도 바로 그것이었기 때문이다. 1960년대 북아일랜드에서 성장하면서 나는 개신교와 로마 가톨릭 사이의 종교적 갈등을 뼈저리게 인식하게 되었고, 종교가 없어진다면 분명 종교 폭력도 사라질 것이라고 생각했다. 종교를 없애 버리는 것이 인간의 진보와 사회 통합을 앞당기는 길이라고 당시 나는 확신했다. 사실 나는 해리스의 글을 읽으면서 내 젊은 시절의 확신, 곧 종교란 패배자, 멍청이, 테러리스트를 위한 것이라는 당시의 확신을 떠올렸다. 물론 이런 생각은 나중의 학문적 연구를 고려하면 결코 지탱될 수 없는 터무니없이 단순한 생각이었다. 하지만 당시 사태를 인식했던 나의 사고방식은 그랬다.

「종교의 종말」은 광적인 무신론자들의 박수갈채를 받았다. 무신론자들은 종교를 존중해야 한다는 미국 문화의 근원적인, 그러나 비웃음거리가 되어야 마땅했던 금기 가운데 하나를 해리스가 철저히 부수었다는 사실에 큰 기쁨을 느꼈다. 하지만 그 책을 대충 읽어 보기만 해도 여러 가지 매우 곤란한 질문들이 제기됨을 금방 알 수 있다. 예를 들어 "우리는 이슬람과 교전 중이다"라는 황당한 선언을 살펴보자. 이런 모호한 비판을 뒷받침할 만한 증거가 정말 있는가? 이슬람 가운데 훨씬 더 광적인 분파를 이 운동 전체의 대표로 상정하는 것은 자신이 말하는 그런 전쟁을 정당화하려는 지나친 일반화가 아닌가?

실제로 해리스의 책 1장은, 이처럼 그가 특정 형태의 종교를 극도로 혐오하고 있다는 사실을 분명히 보여 준다. 안타깝게도 이후의 내용에서 그는 종교에 대해 터무니없이 무지하다는 사실을 여실히 드러내고 마는데, 무엇보다 그는 책 후반부에서 자신의 주장을 뒷받침해 주는 증거들조차 사실 종교에 대한 혐오감과 무지를 공유한 독자들로부터 나온 것 같다는 의문을 품게 만든다.

지지자들에게는 해리스가 진실을 말하는 타협할 줄 모르는 논객처럼 보일지도 모르겠다. 하지만 해리스의 종교 폭력 문제에 대한 분석은, 명백한 증거에 입각한 분석이라기보다는 소란스러운 수사, 단편적인 사례에 대한 지나친 의존, 통속적인 편견과 분위기에 대한 감정적 호소에 기반을 두고 있을 뿐이다. 무엇보다 그는 종교에 관한 방대한 학문적 연구 문헌을 전혀 다루지 않는다. 종교를 세상의 모든 질병의 원인으로 설명하는 해리스의 주장은 지극히 단편적인 이야기에 의존해 있을 뿐이다(그중에서도 가장 허술한 부분은, 미국의 약물 문제 배후에 종교가 자리하고 있다는 전혀 설득력 없는 주장이다). 그의 분석이 지나치게 편파적이고 철저히 증거를 외면한 탓에, 실제로 많은 사람들이 그의 주장에는 논증과 현실 사이에 치명적인 괴리가 있는 것 같다는 의심을 품는다.

미시건 대학교의 인류학 교수 스콧 아트란(Scott Atran)은, 명백히 복합적인 문제를 다루는 해리스의 지극히 단순한 접근 방법에 대해 우려하는 대표적인 학자들 가운데 한 명이다. 종교가 문제를 야기한다면, 왜 그런지를 제대로 이해하는 게 중요하다. 그렇지 못한 채 제시된 해결책은 아무런 가치가 없을 뿐 아니라, 오히려 역효과를 낳을 수 있기 때문이다. 엣지 네트워크가 후원한 한 세미나에서 아트란 교수는 새로운 무신론의 이러한 접근 방법을 신랄하게 비평했다. 종교에 대한 학문적 연구를 간과함으로써, 해리스를 비롯한 많은 사람들이 종교에 대해 보인 반응은 "과학적으로는 전혀 근거가 없고, 심리학적으로는 무지하며, 정치적으로 순진해 오히려 역효과를 낳을 뿐"임을 말이다.[4]

오늘날 세상에 종교와 관련해 여러 가지 실제적인 문제들이 있으며, 모두가 그 문제를 해결하기 위해 노력해야 한다는 사실에 나는 전적으로 동의한다. 수많은 기독교 지도자들이 신을 믿지 않는 사람들과 적극적으로 대화하려는 이유도 바로 그 때문이다. 합당한 비판에 대한 경청은 종교인들로 하여금 앞으로 나아갈 바를 파악하고 전망하는 데 도움이 된다. 하지만 나는 이런 측면에서 해리스의 비판이 정말 도움이 되는지 확신이 서지 않는다. 그의 치료법은 논증으로 설득하기보다는 웅변으로 선동해 보겠다는, 앞뒤가 맞지 않는 편견과 열정 그 이상도 이하도 아니다. 마치 그는 이미 결론이 났으니 종교에 대해 건설적인 비판을 해 봐야 아무런 쓸모가 없다고 생각하고 있는 것 같다. 해리스에게는 미안하지만 다행인 것은, 종교에 대해 비판적인 동시에 지적이고 교양 있는 바른 방법이 우리 세계에 분명 존재한다는 사실이다.

이것에 대한 좋은 예를 우리는 마크 위르겐스마이어(Mark Juergensmeyer)의 대표작 「신의 마음속에 있는 테러」(*Terror in the Mind of God*)에서 볼 수 있다.[5] 이 책에서 저자는, 종교 자체가 전쟁과 폭력의 직접적인 원인인 경우는 거의 없고, 오히려 종교가 기존의 불의와 불평등에 맞서는 저항의 한 형태로서 폭력을 정당화하는 강력하고 설득력 있는 윤리적 근거를 사회에 제공한다는 주장을 신뢰할 만한 사례를 들어 제시한다. 나아가 위르겐스마이어는, 최근 일고 있는 종교 극단주의에는 세속주의와 현대 국가(특히 미국) 모두 가난과 불의에 도전하고 맞서는 데 실패했다는 상실감이 반영되어 있다고 주장한다. 그의 주장은 해리스의 분석보다 한층 더 입체적이고, 이슬람 세계의 종교 극단주의를 오히려 획책하는 미국의 대외 정책의 실효성에 여러 가지 예리한 질문들을 제기한다. 이와 같은 위르겐스마이어의 주장은 훨씬 더 탄탄한 증거에 근거해 있을 뿐 아니라, 우리 주변에서 일어나고 있는 일들을 더 정확하게 이해할 수 있게 해 준다.

상세한 증거에 입각한 윌리엄 캐버너(William Cavanaugh)의 최근 연구 「종교 폭력의 신화」(*The Myth of Religious Violence*) 또한 살펴볼 가치가 있다.[6] 캐버너는 자신의 책에서, 종교가 특유의 병적인 폭력을 일으키긴 하지만 이는 합법적인 세속적 폭력과 다르다고 주장하는—해리스 같은—현대 사상가들을 줄기차게 비평한다.[7] 캐버너는, 이런 주장은 학문적으로 설득력이 떨어질 뿐 아니라, 사회적 관용과도 거리가 멀다고 논증한다. 그는 '종교 폭력'이라는 잘못된 범주를 이용해 "'종교'라는 이름표가 붙은 모든 논의와 관습을 주변부로 밀어내는 것"이 해리스의 목표라고 결론내린다.[8]

자유주의 사회는 오직 고상한 가치와 열망을 강화하는 데 폭력을 사용한다는 해리스의 확고한 신념을 그저 순진한 생각이라고만 정리하기에는 아직 무언가 부족하다. 많은 이들은 폭력으로는 어떤 문제도 결코 해결하지 못할 뿐 아니라, 도리어 문제를 확대하는 폭력의 악순환만을 낳는다는 고통스런 결론에 이르렀기 때문이다.

해리스의 책에서 가장 당황스러운 부분은 그의 종교 비판이 아니라 해리스 특유의 견해와 관련된 부분이다. 어떤 단락에서 그는, 신념이 행동을 결정한다는 점을 정확히 지적한 다음 "너무나 위험한 나머지 그것을 믿는 사람을 죽이는 게 도리어 윤리적인 명제도 있다"라는 놀라운 주장을 한다.[9] 특정 사람들을 살해하는 것이 정당한 일로 간주될 수 있다고 말이다.

종교 재판, 게슈타포, 탈레반과 KGB도 이 정도는 아니었다.[10] 솔직히 나는 해리스의 주장이 윤리적으로 무척 염려스럽다. 어떤 신념이 사람들을 위험스러운 사회적 방식으로 행동하게 만들 경우, 그런 신념과 그런 신념을 가진 사람은 제거해야 된다는 결론을 독자들이 갖게 하는 것이 해리스의 의도가 아니길 나는 진심으로 바랄 뿐이다. 그러나 나의 바람과는 달리 실제로 그의 칙령은, 종교가 폭력과 증오심을 생산해 내기에 세상을 더 안전한 곳으로 만들기 위해서는 종교 신봉자들을 살해하는 것이 윤리적이라고 주장하고 싶어 하는 이들에게 논리적 근거를 제공한다. 샘 해리스가 미국 대통령이 아닌 게 얼마나 감사한 일인지! 나행히 새로운 무신론 종교를 신봉하지 않은 많은 윤리적 무신론자들은 그의 완고하고 폭력적이기까지 한 종교 불관용 정책을 거부한다.[11] 새로운 무신론의 주장과는 다른 훨씬 더 건전하고 도덕적인 무신론 운동이 있어 얼마나 다행인지 모르겠다.

해리스는 그보다 얇은 자신의 책 「기독교 국가에 보내는 편지」(*Letter to a Christian Nation*)에서 종교 비판을 계속해 나간다.[12] 해리스 자신의 기부금을 포함하여 20만 달러의 홍보비를 쏟아부었음에도 불구하고,[13] 이 책은 화제를 일으켰던 전작에는 훨씬 미치지 못했다. 최근에 출간한 「도덕의 풍경: 과학은 어떻게 인간의 가치관을 결정하는가?」(*The Moral Landscape: How Science can Determine Human Values?*)에서 해리스는, 과학이 인간 윤리의 듬직한 객관적 토대를 제공한다고 주장한다.[14] 종교가 이성이나 과학에 의존하지 않고 우리에게 윤리적 토대를 제공한다는, 가장 중요한 종교 옹호론 가운데 하나를 정면으로 반박한 것이다. 나중에 조금 더 자세히 살펴보겠지만, 이 책은 놀라울 정도로 허술함이 밝혀지는데, 왜냐하면 그가 자신의 주장에 명백히 반대되는 논거를 철저히 무시한 채 자신의 주장을 옹호하는 데 급급하기 때문이다.

어찌됐든 해리스가 새로운 무신론의 기본 논조를 결정짓고, 그것에 고유한 음색을 부여했다는 것이 그에 대한 공정한 평가일 것이다. 그의 전투적인 수사는 종교적 신념과 관습을 직설적으로 공격하는 책들이 소비되는 시장이 있으며, 「종교의 종말」 이후 종교를 비판하는 새로운 무신론의 논리가 대체로 [앤터니 플루(Anthony Flew)의 표현대로] '허수아비 치기'의 양상을 띠고 있음을 정확히 보여 준다. 증거에 입각한 합리적 근거도 없이 어떤 대상에 대한 악의적 설명으로 그 자리를 대신하는 고약한 논쟁 방식 말이다.

하지만 서점을 장식한 해리스의 책만으로 새로운 무신론을 판단해서는 안 된다. 살펴봐야 할 것들이 아직 많다.

리처드 도킨스

해리스 이후 새로운 무신론을 옹호하는 저작 가운데 지금까지 가장 큰 관심을 끈 책은 영국인 저자 리처드 도킨스가 쓴 「만들어진 신」이다. 이 책에는 크리스토퍼 히친스가 「신은 위대하지 않다」에서 보여 준 수사적 세련미 같은 것은 없다. 하지만 이 책은 광범위한 종교 비판과 무신론에 대한 절대적 옹호로 그 약점을 충분히 극복했다. 이 책에서 도킨스는, 해리스가 순진하게 종교를 조롱했던 지점보다 훨씬 더 멀리 나아간다. 무신론자들의 사도라 불렸던 문학자 C. S. 루이스(Lewis)의 「순전한 기독교」(*Mere Christianity*)에 견줄 만한 대표적 무신론 책이 있다면 바로 이 책일 것이다.

첫 장부터 도킨스는 자신이 성전(聖戰)에 가담하고 있음을 분명히 밝힌다. "만약 이 책이 내가 의도한 효과를 충분히 발휘한다면, 이 책을 읽는 종교인 독자들은 책을 내려놓을 즈음 무신론자가 되어 있을 것이다."[15] 그렇지만 도킨스는, 종교인들은 말도 안 되는 신념에 철두철미하게 사로잡혀 있기 때문에, 반대 사례가 아무리 합리적으로 제시된다 하더라도 그것과 아무런 상관없이 자신들의 신념을 유지할 거라는 생각 또한 갖고 있다. 특유의 함축적 표현으로 그는 이를 다음과 같이 말했다. "종교에 철저하게 세뇌받은 두뇌는 논증에 대한 면역력을 갖고 있다." 짐작하건대 도킨스는 나처럼 무신론자였다가 나중에 기독교에 진지하게 흥미를 느끼고, 결국 기독교가 매우 합리적이라고 결론을 내린 사람들을 달가워하지 않을 것이 분명하다.

도킨스는 자신의 저서에서 어떤 논증을 펼치는가? 그의 사상 전체에 대해 섣불리 평가를 내리기는 어렵지만, 새로운 무신론의 특징으로 자리 잡은 주요 방법론을 도킨스가 세웠다는 것만은 분명히 말할 수 있다. 해리스와 달리 도킨스는 종교인들에 대한 폭력 사용을 인정하지도, 미국 내 불법 의약품 문제의 원인이 종교라고 말하지도, 언제 폭발할지 모르는 위험한 사상을 지닌 사람들을 처치하는 게 윤리적일 수 있다고 주장하지도 않는다. 대신 그는 종교 혹은 신에 대한 믿음—이 둘을 명확하게 또는 적절하게 구별하지 않은 채—을 반박하지 않을 수 없는 사례를 집중적으로 제시한다. 그러면서 그는 다음과 같은 몇 가지 명제를 부각시킨다.

먼저 도킨스는, 믿음이 근본적으로 비합리적이라고 선언한다. 신이 존재한다는 증거를 우리는 어디에서도 찾을 수 없다. 따라서 신을 믿는 사람들은 현실에서 벗어나 거짓으로 꾸며낸 환상의 세계에서 위안을 찾는 사람들이다. 그 출처가 「만들어진 신」이든 아니면 다른 곳이든, 믿음에 대한 도킨스의 다음과 같은 진술은 새로운 무신론자들이 즐겨 사용하는 종교 비판의 핵심 요소로 자리 잡았다. 믿음이란 "증거 없이, 아니 증거에 굴하지 않고 믿는 맹목적 신뢰"다.[16] 종교란 "사고 폐기 과정" 혹은 "강력한 반대 증거에 대항해 고집스럽게 집착하는 거짓된 신념"이다.[17] 종교가 "악한 이유는 어떤 정당한 사유도 필요로 하지 않고, 논쟁을 참지도 못하기 때문이다."[18]

몇 차례 도킨스와 논쟁을 하면서 나는, 그 중에서도 마지막 명제가 그에게 특히 중요하다는 인상을 받았다. 종교는 비합리적이기 때문에 이성이나 과학에 호소해서는 종교적 신념을 결코 옹호할 수 없다. 그렇기 때문에 종교는 억압적이고 폭력적인 수단을 통해, 혹은 맹목적으로 순종하려는 문화를 조장해 필연적으로 사람들에게 신앙을 강요하기 마련이라고 말이다. 믿음과 폭력을 직접적으로 연결시키는 이런 식의 도킨스의 사고방식을 파악하는 것은 그의 종교 비판의 내적인 논리를 이해하는 데 무척 중요하다.

도킨스는 앞서 해리스가 전개했던 믿음의 비합리성에 관한 논증을 한층 더 강력하고 선명하게 발전시킨다. 신앙의 비합리성은 자신들의 믿음의 지적 정당성을 제시하기를 꺼리는 종교인들의 비합리성과 직접적인 관계가 있다. 도킨스는 9/11 사태 이전부터 오랫동안 이런 주장을 펼쳐왔는데, 9/11 사태는 이런 그의 주장에 타당성을 부여하는 새로운 계기가 되었다. 도대체 어떤 사람이 비행기를 납치해 건물에 충돌시킬 생각을 한단 말인가? 정신 나간 악한 사람이 아니고서야 말이다.

도킨스의 입장에서, 이성과 과학은 똑같이 추앙받아야 한다. 왜냐하면 이성과 과학은 합리적 판단에 토대를 두고, 증거에 입각한 신념의 중요성을 강조하기 때문이다. 도킨스는 신의 존재를 입증할 수 있는 증거란 존재하지 않기 때문에, 신에 대한 믿음을 비합리적이요 비과학적인 것으로 묵살하는 것이 마땅하다고 생각한다. 과학은 이성을 대변한다. 반면에 종교는 미신을 대변한다. 이 세상의 문제는 이 둘 사이의 충돌로 인해 형성되었고, 오직 미신이 제거될 때에만 이런 갈등은 사라질 것이다. 다시 말해, 과학과 종교는 사생결단의 싸움을 하고 있지만 결국 이 싸움에서 과학은 승리하게 될 것이라는 게 그의 주장이다.

이는 도킨스의 두 번째 종교 비판의 주제로 우리를 인도한다. 폭력으로 기우는 성향이 본래 종교에 내재되어 있다는 주장으로 말이다. 도킨스는 종교가 순수하고 평화로웠을 사람들을 과격한 사고와 행동으로 선동한다고 주장한다. 무엇보다 종교는 자신의 행동으로 하나님을 섬기고 있다는 망상에 빠지게 만든다. (그는 '합리적' 폭력을 향한 샘 해리스의 당혹스러운 애정에 대해서는 특별한 언급 없이 슬쩍 넘어간다.) 도킨스는 폭력과 억압을 생산해 내는 종교의 잠재력에 대해 깊은 우려를 제기하는 일련의 사건들에 주목하면서, 십자군 운동과 스페인 종교재판 같은 과거 역사를 근거로 자신의 주장을 전개한다. (9/11은 이러한 비합리적 폭력 행위의 최근의 실례에 불과할 뿐이라는 게 그의 생각이다.)

나는 두 가지 점에서 도킨스의 이런 지적에 전적으로 동의한다. 먼저 그렇게 부끄러운 사건들이 실제로 일어났다는 것, 그리고 직접적이든 간접적이든 일면 종교가 그러한 원인을 제공했다는 것이다. 그러나 그 사건들을 도킨스가 주장하는 바와 같이 정말 그렇게 간단히 기술할 수 있는가는 전혀 다른 문제다. 이제 잠시 회의주의자 연맹(Skeptic Society)의 실행 총무 마이클 셔머(Michael Shemer)에게 눈을 돌려 보자. 회의주의자 연맹은 "나는 인간의 행동을 비웃거나 슬퍼하거나 조롱하지 않고,

이해하려고 부단히 노력한다"는 철학자 스피노자의 유명한 진술을 모토로 삼고 있는 단체다. 셔머는, 종교가 인간의 여러 위험한 비극의 한가운데 있음을 인정한다. 하지만 그의 주장은 거기서 멈추지 않는다. 그는 그림 전체를 살펴봐야 함을 지적하며 다음과 같이 말한다.

> 그렇지만, 이런 엄청난 비극이 하나하나 벌어질 때마다 기록되지 않은 수만 가지의 개인적 긍휼과 사회적 선행도 있었다.…비슷한 역사적 깊이와 문화적 영향력을 지닌 모든 사회 제도가 그렇듯, 종교 또한 절대적으로 선하거나 악하다고 일방적으로 매도해서는 안 된다.[19]

이야기 전체를 말하기 꺼리는 도킨스의 학문적 태도는 그의 논증의 신뢰성을 떨어뜨린다. 무신론이 기독교보다 낫다는 것을 논증하기는 쉽다. 기독교의 좋은 면과 무신론의 나쁜 면을 그냥 무시하기만 하면 된다. 실제로 도킨스는 이 두 가지 모두에 매우 능숙하다. 하지만 불편한 진실은 스탈린주의 같은 비종교적 세계관조차 종교적 신념과 똑같이 억압적일 수 있다는 사실이다. 나중에 이 부분을 비중 있게 다루어야 할 때, 우리는 이 주제를 조금 더 자세히 다룰 것이다.

도킨스의 종교 비판 가운데 가장 흥미로운 세 번째 주장은 자연과학과 관련되어 있다. 1976년 「이기적 유전자」를 출간한 뒤, 그는 진화 생물학과 관련된 과학 사상의 대중화에 기여한 대표적 인물이라는 꽤 어울리는 명성을 얻었다.[20] 「이기적 유전자」에서 도킨스는 신에 대한 믿음에 비판적이기는 했지만, 이런 비판을 무척 엄격하게 자제했다.[21] 하지만 시간이 흐르면서 그의 비판의 강도는 점점 높아져「만들어진 신」에서는 도를 넘어섰다.

도킨스는 자신의 과학적 배경, 특히 진화생물학에 대한 전문성을 십분 활용해, 과학적 신념이 신에 대한 믿음을 흔들어 놓는다는 기존의 주장에서 한 걸음 더 나아간다. 책에서 그는 진화생물학에 따르면, 신에 대한 인간의 믿음은 인간 진화의 의도하지 않은 결과물이라고 주장한다. 신에 대한 믿음은 진화 과정에서 생긴 "우연한 부산물"이며, 종교는 "유용한 것이 방향을 잘못 잡은 데" 기인하는 것이라고 말이다.[22]

여기에 한 가지 문제가 있다.[23] 만약 진화가 정말 우연에 의한 과정이라면, 그것이 '우연한' 혹은 '의도하지 않은' 결과라고 단정할 수 있는 근거는 무엇인가? 도킨스는 자신의 책 여러 곳에서 자연 세계는 겉으로 보면 누군가에 의해 설계된 것 같지만, 이런 겉모습의 설계 혹은 계획은 임의의 발전에서 비롯된 것이라고 주장하는데,[24] 도킨스의 주장이 사실이라면, 분명 진화 과정의 모든 결과는 '의도하지 않은' 것이다. 그렇지 않다면 그는 정말 어떤 형이상학적 지성이 종종 지류와 샛길을 허용하면서 진화를 올바른 방향으로 이끈다고 생각하는 것인가?

도킨스가 주장하는 핵심은, 우리가 신을 믿거나 종교적인 사람이 되는 것(판이하게 다른 두 개념)이 진화의 의도가 아니라는 것이다. 그러나「눈먼 시계공」(*Blind Watchmaker*) 같은 이전 책들은, 이미 도킨스가 의도된 것은 아무것도 없다는 신념에 깊이 몰두해 있음을 보여 준다. 세상이 의도된 것처럼 보이거나, 혹은 우주적 계획에 의해 설계되어 있다는 것을 보여 주는 다른 증거가 있는 것 같지만 실은 모든 것이 우연이라고 말이다.

1990년대에 도킨스는 신이 '정신 바이러스'라는 신념을 유행시켰다. 믿어야 할 신이 존재하지 않는데도 일부 사람들이 신을 믿는 원인은, 우리의 사고에 은밀하게 영향을 주어 이런 비합리적 방향으로 이끄는 진화 혹은 문화적 요인 때문이라는 자신의 주장을 뒷받침하기 위해서 말이다. 그리고 이 바이러스는 질병과 똑같은 방식으로 사람들을 통해 확산된다고 그는 확신했다.[25] 30년간의 종교 생활 이후 가톨릭 신앙을 버린 탁월한 영국 철학자 앤터니 케니(Anthony Kenny)의 예를 인용하며 그는 다음과 같이 말한다. "그처럼 지혜와 지성을 겸비한 사람—다름 아닌 현재 영국학사원 대표—이 이 정신 바이러스와 싸우는 데 30년이나 걸렸을 정도니, 이 바이러스는 정말 강력한 병원체임에 틀림없다."[26]

나는 신을 가리켜 '정신 바이러스'라고 한 도킨스의 주장이 분명 비유적인 표현이었다고 생각하지만, 일부 순진한 추종자들은 이 표현을 문자 그대로 받아들이는 것 같다. 몇 년 전 무신론에 관한 한 토론에 강사로 참석했을 때, 나는 내가 맡은 내용을 전하고 상대방에게 순서를 넘긴 다음 강연장 첫 줄 빈 좌석에 앉았다. 내가 자리에 앉으려 하자, 옆 자리에 있던 여성이 자리에서 일어나 이렇게 말했다. "죄송하지만, 당신의 고약한 신 바이러스(God-virus)에 걸리고 싶지는 않군요!"

신은 지적인 바이러스라는 사상이 「만들어진 신」에서 은근슬쩍 복귀한다. 그런데 이 책에는 끈질긴 신에 대한 믿음에 맞서 밈(meme) 이론이라는 과학적 설명이 등장한다.[27] 도킨스는 이미 1976년에 유전 정보와 문화 정보의 전달 사이에 근본적인 유사성이 있음을 주장하면서 한 문화 속에서 관념, 특히 신 관념을 전달하는 가설적인 모방이나 복제 단위를 지칭하기 위해 '밈'이라는 용어를 만들어 낸 바 있다.[28]

하지만 밈을 뒷받침하는 과학적 증거는 무엇인가? 그리고 정말로 신을 믿게 하는 '신 밈'(God-meme)이 존재한다면, 사람들을 무신론으로 유도하는 '무신 밈'(no-God-meme)도 존재하는가? 밈은 정말로 (신에 대한 믿음 같은) 관념을 전달하는가? 아니면 (광적인 신앙 같은) 행동 방식을 전달하는가?[29] 또 밈을 뒷받침할 만한 아무런 증거가 없어서 하는 말인데, 그럼 밈을 믿게끔 유도하는 밈도 있다는 말인가?

어떤 의미에서 이 논쟁은 이미 끝났다. 이제 밈은 생물학적 허구에 불과한 것으로 널리 인정되고 있기 때문이다. 사실 진지한 가설로서 밈의 종말은 2005년까지 거슬러 올라간다. 2005년은 밈에 대한 관심이 절정에 달했던 1997년에 창간된 "미메틱스"(*Journal of Memetics*)라는 잡지가 폐간된 해다. 이 잡지의 마지막 호에는 밈 개념에 깊이 몰두하던 비판자 중 한 사람이 보낸 부고장 같은 기사가 실렸는데,[30] 그는 기사에서 다음과 같이 주장했다. "밈 연구는 사람들을 계몽하기보다는 한층 더 모호하게 만드는 결과를 낳은 일시적 유행이었다. 나는 독자적인 분야로서…[밈 연구에 대해] 아쉬움을 느끼는 사람들이 많지 않을까 매우 우려한다." 아무래도 어떤 이들이 신의 최종 운명이라고 보았던 밈보다, 신의 수

명이 훨씬 더 긴 것 같다.

마지막으로 도킨스는, 무신론이 신에 대한 믿음보다 훨씬 단순하고 고상하다고 주장한다. 이는 분명 논란이 많은 주제다. 앞서 우리는 영향력 있고 존경받는 철학자 앤터니 케니에 대한 도킨스의 말에 주목했는데, 성급한 독자라면, 앤터니 케니가 가톨릭 신앙을 버리고 무신론자가 되었을 거라 짐작할지도 모르겠다. 하지만 사실 그는 불가지론자, 즉 신이 있는지 없는지 인간은 알 수 없다고 생각하는 사람이 되었다. 케니가 보기에 신 문제는, 인간이 입수할 수 있는 증거에 입각해 최종 결론을 내릴 수 있는 문제가 아니었던 것이다. 그는 철학자 특유의 엄정함으로, 무신론이 유신론에 비해 더 견고하다고 말할 수 없다고까지 주장했다.

'신'이라는 단어에 대해 여러 가지 다양한 정의가 제시되었다. 이런 사실을 전제로 볼 때, 무신론의 주장이 유신론보다 훨씬 더 강력하다. 무신론자는, 당신이 어떤 정의를 선택하든 '신이 존재한다'는 명제는 거짓이라고 말한다. 그러나 유신론자는 '신이 존재한다'는 명제를 입증하는 어떤 정의가 있다고 주장한다....무언가를 안다는 주장은 그 주장이 참됨을 입증해야만 한다. 반면에 모른다는 주장은 그냥 말만 하면 되기 때문이다.[31]

「만들어진 신」의 독자들은 다음과 같은 사실을 즉시 깨달을 것이다. 즉 무신론은 신에 대한 믿음보다 단순하고, 또 유신론은 무신론에 비해 지적·도덕적 결함을 안고 있다는 도킨스의 두 가지 단언과 케니의 말이 명백하게 모순된다는 사실을 말이다. 이 점에 대해서는 나중에 이 주제를 다룰 때 조금 더 다루도록 하고, 지금은 네 명의 기수들 가운데 세 번째 인물로 이동해 보자.

대니얼 데닛

미국 철학자 대니얼 데닛은 다윈의 진화론이 인간 사회에 남긴 광범위한 문화적 의미를 깊이 연구한 것으로 잘 알려져 있다. 「다윈의 위험한 생각」(Darwin's Dangerous Idea)[32]에서 데닛은 신에 대한 믿음을 진화론에 입각해서 규명할 수 있다는 생각을 발전시켰다. 그는 이런 방법을 자신의 책 「주문을 깨다」에서 한층 더 발전시켜, 자연선택이 실제로 믿어야 할 신이 없는데도 신을 믿게 하는 프로그램을 우리 안에 심어 두었다고 주장한다.[33] 데닛은 이 책에서 소위 신앙의 비합리성 혹은 비도덕성에 초점을 맞추지 않는다(물론 이런 문제들에 있어 그의 견해는 새로운 무신론에 속한 동료들과 비슷하다). 또 상대적으로 공격적인 독설과 조롱이 적은 탓에, 이 책은 새로운 무신론 운동을 이끄는 다른 저작들만큼 큰 반응을 얻지 못했다.

새로운 무신론 저자들에게 종교 개념이 무척 중요하다는 점을 감안할 때, 그것의 핵심이 유용한 정의를 갖는 것에 있음을 우리는 알 필요가 있다. 무언가를 비판해야 한다면 그것이 무엇인지 말할 수 있어야 하기 때문이다. 그렇다면 데닛이 「주문을 깨다」에서 주장하는 것은 무엇인가?

그는 "신이 없는 종교는 척추가 없는 척추 동물과 같다"라고 말한다.[34] 우리가 종교의 본질에 관한 고등학생의 토론을 지도하려 한다면, 이것은 분명 우리가 고려해야 할 첫 번째 정의임에 틀림없다. 하지만 이것은 또한 우리가 거부해야 할 첫 번째 정의이기도 하다! 적절한 정의가 아니기 때문이다. 척추동물은 정의상 척추를 갖고 있다. 하지만 어떤 종교를 추종한다고 해서 신을 꼭 예배하는 것은 아니다. 대부분의 불교가 그렇듯이, 신이 없는 종교도 있기 때문이다. 그러면 데닛은 대체 왜 이런 쓸모없는 정의를 선택했을까? 그 대답은, 그가 진화론의 시각에서 신에 대한 믿음을 설명하려 했기 때문이다. 그의 주장에 의하면, 신에 대한 믿음은 한때 생존상의 이점을 가져다주는 공상 같은 것이었다. 하지만 데닛의 극단적인 의제로는 어떨지 모르겠지만, 종교와 신에 대한 믿음이 언제나 동일한 것은 아니다.

데닛은 전문적인 철학자다. 이 점을 생각해 보면, 신 믿음을 옹호하는 논증에 대한 탄탄한 그의 철학적 비판이 「주문을 깨다」의 가장 훌륭한 장점이 될 수도 있었다. 사실 나는 리처드 스윈번(Richard Swinburne)이나 윌리엄 레인 크레이그(William Lane Craig) 같은 선도적인 유신론 철학자들이 최근 제시한 강력한 유신론 옹호에 버금가는 세련된 무신론 변론을 그 책에서 만날 수 있으리라 기대했다. 하지만 철학의 향연을 기대했던 그곳에서 나는 썩은 부스러기 몇 개를 발견했을 뿐이다. 데닛의 책에서 실제로 신을 믿을 타당한 근거가 있는지에 대한 사색은 고작 여섯 페이지에 불과했다.[35] 여기서 그의 방법은 아무리 좋게 말하려 해도 교활하다고밖에 말할 수 없을 것 같다.

> 나는 연구 분야에 대한 간단한 조감도만 그려 주면서 내 자신의 결론을 제시하되, 그 결론에 이르게 된 추론 과정은 생략하고, 많은 사람들에게 잘 알려있지 않은 문헌 몇 개만 제시하려고 한다.[36]

데닛의 몇 안 되는 분석을 읽은 뒤 내가 받은 느낌은, 이 문장을 다음과 같이 썼어야 그 의미가 훨씬 더 명료해진다는 것이었다.

> 나는 내 자신의 견해를 짧게 요약하려고 한다. 내 견해는 명백히 옳기 때문에 사실 추론 과정이나 증거를 제시해야 할 필요를 전혀 느끼지 못한다. 또 나는 일부 사람들이 어인 일인지 읽지 않은 나의 이전 저작들을 참고할 것이다.

그나마 이 여섯 페이지도 이 책의 백미는 아니다. 데닛은 겨우 종교 철학의 맛만 보여 주는 개론적인 주장만을 제시할 뿐이다. 이 책에는 변론은 별로 없고, 그저 신을 고발하는 고소장이 있을 뿐이다.

사실 신 존재를 증명하는 전통적인 철학 논증에 대한 새로운 무신론의 가장 정밀한 논박은 도킨스의 「만들어진 신」에 실려 있다. 하지만 이런 논증에 대한 도킨스의 견해를 포함해 어설픈 반박마저 그 책에서 차지하는 비중은 그리 높지 않다.[37] 무엇보다 적절하고 엄격하게 논박하지 않은 데닛의 당황스러운 불성실함이 대단히 중요한 시점에 새로운 무신론을 빈약하게 만들고 말았다. 데닛의 책을 읽는 내내 나는 깊은 좌절과 채워지지 않은 갈증 같은 것을 느꼈다.

 이 책의 또 다른 흥미로운 특징은, 그가 도킨스의 밈 개념에 지나치게 의존하고 있다는 점이다. 데닛이 책을 저술할 당시에는 밈 개념이 이미 시대에 뒤떨어진 이론으로 치부되고 있었는데도 말이다. 게다가 도킨스와 데닛의 '밈' 개념도 매우 달랐다. 사실 이런 일은 밈이 관찰 대상이 아니라 상상 속 개념일 경우에 일어날 수 있는 일이다. 도킨스는 종교 밈(Religion-Meme)이 작용한 결과는 언제나 부패라고 믿는 반면, 데닛은 '믿음에 대한 믿음', 다시 말해 믿고자 하는 욕망이나 믿음이 근본적으로 유익하다는 생각이 의심과 비판적 이성이라는 항체에 스스로 면역력을 형성하는 종교 밈의 가장 효과적 전술 가운데 하나라고 믿는다. 이런 이유로 그는 많은 비평가들로 하여금 이런 어리석은 단언의 근거가 무엇이냐는 의문을 너무나 자연스럽게 제기하게 만든다.

 하지만 데닛은 그 문제에 아무런 답을 하지 않은 채 다른 문제로 훌쩍 넘어간다. 인류가 단맛을 감지하는 감각 기관을 발전시켜 왔듯이 그는, 우리가 이와 비슷한 방법으로 두뇌 안에 일종의 '신 담당 구역'을 발전시켜 왔다는 새로운 주장을 내놓는다. '신비 유전자'(mystic gene)를 지닌 사람은 생존 가능성이 높은 탓에, 자연선택이 선호하는 신비 유전자가 그 구역을 지배할 수도 있다고 말이다.[38]

 이는 매우 흥미롭고 연구할 만한 가치가 있는 발상이다. 무엇보다 기독교는 우리 안에 신을 향한 '애착' 혹은 '귀소 본능'이 있다고 늘 주장해

오지 않았던가! 데닛의 발상은, 오히려 이것이 작동하는 과정을 명확히 하는 데 도움을 줄 수도 있다. 하지만 그가 이 신비 유전자에 대한 과학적 증거로 내놓은 것은 무엇인가? 아쉽게도 우리가 그의 책에서 발견할 수 있는 것은, 자연과학의 표준으로 여기는 증거에서 출발해 증거로 풀어 가는 치밀한 논증이 아니라 가정과 추측, 그리고 짐작과 가설들뿐이다. 일례로 (도를 넘어선 책 표지의 문안을 인용해 보면) "관념은 개인의 미신에서 출발해 샤머니즘을 거쳐, 초기의 종교 '야생주'(wild strain)가 된다"라는 주장을 보라. 데닛의 이론이 최첨단 과학 연구로 인정받기엔 터무니없이 설득력이 떨어지고, 증거와는 거리가 먼 잠정적인 신념이라고 그의 동료들에게 크게 비판받는 건 너무나 당연한 일이다.

데닛은, 종교가 인류에게 그토록 중요하기 때문에 "지구상의 최고 지성인"에게 종교를 연구하도록 촉구해야 한다고 주장한다. 나는 이 일반적 원리에 전적으로 공감한다. 하지만 이들 최고 지성인이란 대체 누구를 말하는 것인가? 데닛은 분명 종교 학자들을 '이류' 사상가로 폄하하면서,[39] 어떤 종교적 열정에도 물들지 않은 지성을 갖춘 이들이 종교를 연구하고 평가해야 한다고 주장하고 있는 것 같다. 최근 사회학자 디나 비티(Tina Beattie)가 지적했듯이, 그가 염두에 두고 있는 사람들은 오히려 신앙을 이해하기보다는 "신앙을 파괴하는 데" 더 관심을 두고 있는 "지극히 매정한 서구 엘리트"인 것이다.[40]

요약해 보자. 데닛은 「주문을 깨다」에서 종교를 무너뜨릴 증거와 논리를 제공하는 용감한 지적 선구자로 자신을 과시한다. 그러나 실제로 데닛의 허술한 분석에 의해 시험대에 오른 것은 독자들의 믿음이 아니라 독자들의 인내심이다. 이 책이 얼마나 기대 이하의 책인지는 새로운 무신론의 다른 교과서적인 저작들에 비해 인용되는 횟수가 훨씬 적다는 사실을 통해 알 수 있다. 이 책에서 철학자 데닛은, 자신도 제대로 납득하지 못한 것 같은 과학 분야를 이해하려고 몸부림치면서, 무지하고 귀가 얇은 사람들에게는 어느 정도 감동을 주지만, 다른 사람들에게는 공언한 것과 실제 책에 담긴 내용 사이의 엄청난 격차를 절감하게 만드는 사변적인 이론만을 제시한다. 그가 얼토당토않은 밈에 관한 사이비 과학 이론에 빠져들지 말고, 차라리 철학 논쟁에 집중했더라면 그나마 책이 조금이라도 나아지지 않았을까? 정말 그랬더라면 현재의 새로운 무신론이 갖추지 못한 의미 있는 철학적 기반을 그가 제공했을지도 모를 일이다.

데닛이 조금은 따분한 인물로 등장하는 반면에, 새로운 무신론의 네 번째 저자에 대해서는 어느 누구도 쉽게 비난할 수 없을 것 같다. 이제 수려한 문장과 우아한 언어의 검으로 무장한 영국계 미국 저널리스트 크리스토퍼 히친스에게 눈을 돌려 보자.

크리스토퍼 히친스

히친스의 책 「신은 위대하지 않다」는 지금까지 나온 새로운 무신론자들의 저작 가운데 가장 흥미롭다. 이 책의 동력은 당연히 9/11 사태에서 상당 부분 증폭된 종교에 대한 격렬한 분노다. 이는 다른 새로운 무신론 저자들의 책 저변에 동일하게 깔려 있는 것이지만, 다른 어떤 책보다 이 책은 그와 관련해 조금 더 깊은 우려를 드러낸다. 곧 1960년대 이후에도 세속 이론가들의 예상과는 달리 결코 사라지지 않는 종교에 대해 말이다. 신이 아직도 사라지지 않았다! 수심 가득한 히친스는 서구 자유주의 지적 엘리트들의 잠재 의식에 자리한 두려움에 기대 호소한다. 우리는 사회적 패권을 쟁취하기 위한 전투에서 패하고 있다! 종교가 여전히 기승을 부리고 있다! 무신론자와 회의론자들이 전멸할 위험에 처해 있다! 히친스는 가장 노골적인 (하지만 언제나 그렇듯이 핵심이 빠진) 한 선언에서 독자들에게 불길한 경고를 발한다. "종교인들이 각자의 방식대로 우리를 파멸시킬 계획을 세우고 있다."[41] 히친스 추종자들에게는 이것이 9/11의 전모다. 종교가 우리에게 더 심각한 피해를 입히기 전에, 우리는 종교에 맞서 싸워야 한다.

「신은 위대하지 않다」는 쉴 새 없이 이어지는 경구와 정교하게 다듬어진 모독을 특징으로 한 뛰어난 작품이다. 히친스는 팔레트 위에 가장 화려한 색과 힘찬 붓놀림으로 퇴행적이고 부패하고 타락한 종교상을 생생하게 그려 낸다. 4개월이라는 짧은 기간에 서둘러 쓴 탓에[42] 일치되지 않은 내용, 일관되지 않거나 부실한 논증 같은 혹독하게 비평할 만한 내용들이 많긴 하지만, 자신의 신념에 대한 히친스의 헌신을 의심하거나 그의 글쟁이다운 솜씨를 부정할 사람은 아무도 없다.

그는 효과적인 문구를 떠올려 내는 대단히 뛰어난 감각을 갖고 있다. 예를 들어 "종교는 모든 것을 독살한다." (이미 앞에서 보았지만) 더 놀라운 예로, "종교는 살인마다."⁴³⁾ 원시적 미신은 세상을 실패로 몰아넣는 합리성과 과학이라는 숙명에서 우리의 발목을 붙잡는 원흉이다. 오직 폭력과 지적 부정직, 억압, 그리고 사회 분열로 치닫게 만드는 종교를 제거하라. 그러면 세상은 훨씬 나은 곳이 될 것이다.

「신은 위대하지 않다」는, 자신의 확신이 진리의 잣대라고 한다면, 어떤 논쟁에서든 지지 않으리라는 깊은 확신과 신념으로 집필된 책이다. 히친스는 그 책에서 일부 핵심 종교 사상에 대한 자신의 분석이 빈약하다면 그것은, 그 사상을 제대로 다룰 능력이 부족해서가 아니라, 그 사상이 본질적으로 비합리적이기 때문이라는 기막힌 논리로 독자들을 설득한다. 예를 들어 "종교의 형이상학적 주장은 거짓이다"라는 대담한 제목이 붙은 장에서 그는, 흥미로운 논쟁을 벌일 수 있는 문제들을 개관하고 나서 그런 형이상학적 주장들이 무엇이고, 그것이 왜 잘못인지에 대해서는 명확하지 않게 은근슬쩍 넘어간다. 결국 우리는, 여기에서 히친스가 종교의 형이상학적 주장을 인생이라는 길 언저리에 놓인 하찮은 주제 정도로 간주한다는 사실을 알 수 있을 뿐이다.

이것이 제대로 된 논증인가?

나는 히친스의 거들먹거리는 문체에 대해서 그의 열광적인 지지자들과 자주 논쟁을 벌였다. 그들은, 히친스가 굉장한 천재이기 때문에 종교 사상을 깊이 연구할 필요가 없다고 주장하곤 한다. 종교 사상은 얼토당토않다고 히친스가 선언했다면, 그것으로 충분하다. 중요한 건 그의 결론이다. 어떻게 그가 그런 결론에 도달했는지는 굳이 설명할 필요가 없다.

히친스를 일종의 종교 지도자인 구루처럼 여기면서, 논증이나 증거를 무시하고 사람을 신뢰하는 것이 과연 합리적인 행동인가? 이런 행동은 신을 믿지 않기로 작정한 그의 추종자들이 신을 대신해 신뢰하고 경배할 다른 누군가를 찾고 있는 것과 전혀 다르지 않다.[44] 앞에서 언급한 형이상학적 주장으로 되돌아볼 때, 히친스가 그런 주장을 분쇄하는 건 고사하고 제대로 논박하지도 못함을 우리는 금방 알 수 있으나, 그의 추종자들은 그렇게 생각하지 않을 것이다. 히친스가 결론을 내렸다면, 문제는 그것으로 다 해결된 것이니 말이다.

「신은 위대하지 않다」가 지닌 또 다른 흥미로운 특징은 자신의 주장을 펼치기 위해 역사 속에서 특정 일화를 골라내는 히친스의 선구안이다. 그가 역사적 증거를 사용하는 방식은 새로운 무신론자들 특유의 특징인 (흔히 '거대담론'이라 불리는) 지배적 서사에 의해 좌우된다. 그 지배적 서사란 종교적 신념을 즐기는 사람들은 망상에 빠져 있고, 따라서 사회 전반에 잠정적으로 위험하다는 생각이다. 역사에 대한 히친스의 호소가 왜 그렇게 일방적이고 아전인수격인지 정말로 놀라울 따름이다. 그는, 상대방이 자신과 똑같은 방법을 사용해 정반대의 주장을 펼칠 수 있다는 사실을 결코 모르고 있는 걸까?

종교 사상가들은 비합리적이고 비윤리적인 바보들이라는 주장에 히친스가 삽입한 사례 하나를 한번 살펴보자. 코네티컷 주에 위치한 예일 칼리지(지금의 예일 대학교 전신) 학장이었던 기독교 저술가 티모시 드와이트(Timothy Dwight)는 천연두 예방 접종을 반대했는데, 히친스에게 그의 그런 행태가 종교인들의 전형처럼 보인 모양이다. 종교인들은 과거에 집착하는 얼간이들이고, 드와이트의 황당한 행태는 종교적 반계몽주의가 당시 과학의 발전을 가로막는 장애물이었음을 보여 주는 대표적 사례라고 말이다. 종교의 이런 특징은 지금까지도 계속 반복되고 있으며, 종교는 인류 발전의 모든 실험들을 질식시킨다는 것이다. 위와 같은 구체적인 예를 통해 히친스는 자신의 보편적 원리가 역사에 의해 확증된다고 생각한다.

물론 드와이트는 실제로 천연두 예방 접종을 반대했다. 하지만 히친스는 오늘날 미국의 가장 위대한 종교 사상가로 인정받고 있는 프린스턴 대학의 총장이었던 조나단 에드워즈(Jonathan Edwards)가 그보다 몇십 년 전인 1758년에 천연두 백신을 자청해 접종받은 뒤 부작용으로 사망했다는 사실을 언급해야 하는 걸 잊었다(만약 그가 이 사실을 알았다면 말이다). 과학 발전의 열렬한 지지자였던 에드워즈는 이 새로운 의술을 신뢰했고, 자신의 학생들에게 백신이 안전하다는 걸 입증해 주고 싶었다.[45] 드와이트와 동일한 종교 사상가였던 에드워즈가 천연두 예방 접종을 지지했다는 사실을 히친스가 언급하지 않은 이유는 무엇일까? 어쨌든 안타깝게도 에드워즈는 과학 발전을 위한 대가로 자신의 생명을 대신했다. 물론 이런 식으로 반론을 제기하면, 히친스는—'일부' 종교 사상가들만이 과학 발전에 긍정적이었다는 식으로—자신의 분석을 옹호하려 할 것이다. 히친스는 역사를 자신의 새로운 무신론이라는 틀로 해석하려 함으로써, 자신의 주장을 불리하게 만드는 중요한 증거들을 걸러 내려고 한다. 하지만 그 책의 독자들이 이렇듯 터무니없이 삐딱한 그의 역사 해석을 종교를 반대한다는 이유만으로 지지해 줄 것이라고 정말 기대할까? 아니, 정말 그들이 그런 역사 해석을 신뢰하기나 할까?

이런 방법이 얼마나 통할 수 있을지 한번 살펴보자. 잠시 히친스처럼 역사적 정확성을 무시하고, 「신은 위대하지 않다」에서 선보인 그의 방법을 완벽하게 따라하되, 정반대로 유신론적으로 역사를 해석하고 이를 적용해 보자.

뛰어난 무신론 작가였던 조지 버나드 쇼(George Bernard Shaw)는 1930년대에 천연두 예방 접종을 적극 반대하며, 천연두 접종을 '망상'이라고 비웃었다. 그는 천연두 예방 접종을 지지할 때 빠지지 않고 인용되는 연구를 수행한 선도적 과학자들―루이 파스퇴르(Louis Pasteur)와 조지프 리스터(Joseph Lister) 등―을 과학적 방법에 대해서는 아무것도 모르는 돌팔이라고 거침없이 폄하했다. 히친스가 사용했던 편파적인 역사 해석을 사용해 우리는 이를 다음과 같이 적용해 결론을 내릴 수도 있을 것이다. 이 대표적 무신론자가 드러낸 터무니없는 반과학적 태도에서 우리는, 무신론이 교조적일 뿐 아니라 매우 편협하다는 사실을 알 수 있다고 말이다. 그러면 생각할 줄 아는 사람은 모두들 무신론의 이런 주장이 시대착오적이라고 생각해 반문화적인 무신론을 기부할 것이다. 이것이 그렇게 단순한 문제가 아니라는 것만 빼면 말이다. 그렇지 않은가? 지적으로 정직한 사람이라면 누구도 이렇듯 교활하고 노골적으로 왜곡된 역사 해석에 만족하지 않을 것이다. 절대로!

우리는 두 명의 탁월한 기독교 행동가 디트리히 본회퍼(Dietrich Bonhoeffer)와 마틴 루터 킹(Martin Luther King)에 대한 히친스의 황당한 논의에서도 괴이한 편견을 발견한다. 두 사람이 억압 앞에서 보여 준 도덕적·영적 본보기는 서구 문화에 깊은 영향을 남겼다. 히친스는 역사적 진실에 대한 관심이라고는 조금도 없이, 히틀러의 나치즘에 반대해 기꺼이 죽음으로 저항한 본회퍼의 자세가 "가상하긴 하나 모호한 휴머니즘"에 입각한 것이었다고 대담하게 주장한다.[46] 하지만 본회퍼가 사형을 앞두고 수용소에서 쓴 편지와 글들은 그런 주장과는 전혀 다른 관점을 우리에게 보여 준다. 그의 시선은 말 그대로 극한의 고뇌의 시기에 영감과 본보기가 되었던 그리스도의 죽음에 맞추어져 있었다. 물론 히친스는 이런 이야기에는 눈꼽만큼도 관심을 두지 않겠지만 말이다.

나아가 히친스는 미국 인권운동 지도자 마틴 루터 킹이 실질적인 의미에서 기독교인이 아니었다고 말한다.[47] 하지만 그는 자신의 무모한 주장을 입증할 만한 증거를 아무것도 제시하지 않는다. 그의 이런 주장에서 우리는 히친스 자신의 교조적 틀에 진실을 정확하게 맞춰야 한다는 당위성만을 확인할 수 있을 뿐이다. 히친스의 이런 주장은 직접적으로 표명한 적은 없지만, 책 전반에 걸쳐 다음과 같은 식으로 흐르고 있다.

대전제: 종교는 악하고 폭력적이다.
소전제: 디트리히 본회퍼와 마틴 루터 킹은 좋은 사람들이다.
결론: 본회퍼와 킹은 사실 종교인이 아니었다.

워싱턴에서 히친스와 논쟁을 한 후 나는 그에게서 매우 강렬한 인상을 받았다. 솔직히 나는 그가 마음에 든다. 그는 (진실에는 그 정도의 열정을 보이지 않지만) 말에 뛰어난 재능을 갖고 있고, 다른 새로운 무신론 저자들의 말이 재미없고 지루하게 들릴 정도로 대단한 유머 감각과 날카로운 위트를 지녔다. 직설 화법의 논객으로서 "종교는 악하다"고 말한 그의 믿음의 진정성을 나는 의심치 않는다. 몇 가지 핵심 질문을 잘못 짚긴 했지만 도발적인 저자로서 그는 더 깊은 논쟁으로 사람들을 이끄는 탁월한 재주를 가졌다. 나는 최근 그가 식도암 진단을 받았다는 소식을 듣고 매우 안타까웠다. 나를 비롯한 많은 사람들이 그를 기억하며 기도하고 있다는 사실을 그가 불편하게 여기지 않았으면 좋겠다(히친스는 2011년 12월 사망했다―옮긴이).

이 장에서 우리는 새로운 무신론을 이끄는 대표자들을 살펴보면서, 그들의 문제 의식과 접근법을 간략하게 정리했다. 우리는 이 책 2부와 3부에서 이를 통해 부각된 주제들을 조금 더 면밀히 연구할 것이다. 다만, 그 전에 새로운 무신론이 다른 형태의 무신론과 어떻게 다른지를 먼저 생각해 보자.

주

1) 그들이 이 네트워크에 보낸 2006년 성탄절 메시지를 보라. <http://edge.org/documents/archive/edge199.html> 본서 주에 언급된 모든 웹 페이지 내용은 확인할 수 있도록 저장되었다.
2) Gary Wolf, 'The Church of the Non-Believers'. *Wired*, November 2006: <http://www.wired.com/wired/archive/14.11/atheism_pr.html>. Simon Hooper, 'The Rise of the "New Atheists"'; CNN, 9 November 2006도 보라. <http://edition.cnn.com/2006/WORLD/europe/11/08/atheism.feature/index.html>
3) 이 표현은 2007년에 녹화된 네 저자들의 토론에서 제일 처음 사용된 것으로 보인다. 이 표현은 보통 종말의 전조로 여겨지는 요한계시록에 등장하는 '네 명의 기수'라는 성경 이미지를 차용한 것이다(요한계시록 6:1-8). 이 운동과 관련하여 다른 이름들이 등장하는 경우가 종종 있다. 예컨대 물리학자 Victor J. Stenger는 과학이 신 존재의 오류를 입증한다고 주장한다(Victor J. Stenger, *God: The Failed Hypothesis: How Science Shows That God Does Not Exist*. Amherst, NY: Prometheus Books, 2008). 이 방대한 책은 도킨스나 히친스의 사상 일부를 반복하기는 하지만, 그 책들과 비교하면 날이 무딘 칼 같다.
4) Harris를 비롯한 다른 사람들에 대해 내놓은 Atran의 비평 전문은 <http://

edge.org/discourse/bb.html#atran2>를 보라.

5) Mark Juergensmeyer, *Terror in the Mind of God: The Global Rise of Religious Violence*, 3rd edn. Berkley, CA: University of California Press, 2003.

6) William T. Cavanaugh, *The Myth of Religious Violence*. Oxford: Oxford University Press, 2009.

7) Cavanaugh, *The Myth of Religious Violence*, pp. 18-54, 212-220.

8) Cavanaugh, *The Myth of Religious Violence*, p. 225.

9) Sam Harris, *The End of Faith: Religion, Terror, and the Future of Reason*. New York: Viking Penguin, 2006, pp. 52-53. 「종교의 종말」(한언출판사).

10) Rudolph J. Rummel, *Lethal Politics: Soviet Genocide and Mass Murder since 1917*. New Brunswick, NJ: Transaction Publishers, 1990, 특히 pp. 109-126를 보라.

11) 예를 들어 R. J. [Richard] Eskow, 'Reject Arguments for Intolerance—Even from Atheist.' *Huffington Post*, 4 January 2006를 보라.

12) Sam Harris, *Letter to a Christian Nation*. New York: Knopf, 2006. 「기독교 국가에 보내는 편지」(동녘사이언스).

13) *Publisher's Weekly*, 253/46, 20 November 2006.
14) Sam Harris, *The Moral Landscape: How Science can Determine Human Values*. New York: Free Press, 2010.
15) Richard Dawkins, *The God Delusion*. London: Bantam, 2006, p. 5. 「만들어진 신」(김영사).
16) Richard Dawkins, *The Selfish Gene*, 2nd edn. Oxford: Oxford University Press, 1989, p. 198. 「이기적 유전자」(을유문화사).
17) Dawkins, *God Delusion*, p. 5.
18) Dawkins, *God Delusion*, p. 308.
19) Michael Shemer, *How We Believe: Science, Skepticism, and the Search for God*. New York: Freeman, 2000, p. 71.
20) 과학 대중화 운동가로서의 도킨스에 대한 긍정적인 평가로는 Alan Grafen and Mark Ridley(eds), *Richard Dawkins: How a Scientist Changed the Way We Think*. Oxford: Oxford University Press, 2006에 실린 글을 보라.
21) 나는 다음 책에서 2003년까지 발간된 저작을 토대로 과학과 종교의 관계에 대한 도킨스의 견해를 비평했다. Alister E. McGrath, *Dawkins' God: Genes, Memes, and the Meaning of Life*. Oxford: Blackwell, 2004. 「도킨스의 신」

(SFC출판부).

22) Dawkins, *God Delusion*, p. 188.

23) 나는 다른 책에서 이 내용을 훨씬 자세히 논한 적이 있다. Alister E. McGrath, *Darwinism and the Divine: Evolutionary Thought and Natural Theology*. Oxford: Blackwell, 2011, pp. 254-267를 보라.

24) 특히 Richard Dawkins, *The Blind Watchmaker: Why the Evidence of Evolution Reveals a Universe without Design*. New York: Norton, 1986를 보라. 「눈먼 시계공」(사이언스북스).

25) Richard Dawkins, 'Viruses of the Mind,' in *A Devil's Chaplain: Reflections on Hope, Lies, Science and Love*. New York: Mariner Books, 2004, pp. 128-145. 「악마의 사도」(바나출판사).

26) Dawkins, *A Devil's Chaplain*, pp. 144-145.

27) 이런 관념의 기원과 초기 발전에 대해서는 McGrath, *Dawkins' God*, pp. 119-138를 보라.

28) Dawkins, *A Devil's Chaplain*, p. 145.

29) 최신 설명은 McGrath, *Darwinism and the Divine*, pp. 254-262를 보라.

30) <http://cfpm.org/jom-emit/2005/vol9/edmonds_b.html>

31) Anthony Kenny, *What I Believe*. London: Continuum, 2006, p. 21.
32) Daniel C. Dennet, *Darwin's Dangerous Idea: Evolution and the Meaning of Life*. New York: Simon & Schuster, 1995.
33) Daniel C. Dennet, *Breaking the Spell: Religion as a Natural Phenomenon*. New York: Viking Penguin, 2006.
34) Dennet, *Breaking the Spell*. p. 9.
35) Dennet, *Breaking the Spell*. pp. 240-246.
36) Dennet, *Breaking the Spell*. p. 240.
37) Keith Ward, *Why There Almost Certainly Is A God: Doubting Dawkins*. Oxford: London Hudson, 2008.
38) 여러 가지 비판적 견해로는 Justin L. Barrett, 'Is the Spell Really Broken? Bio-Psychological Explanations of Religion and Theistic Belief'. *Theology and Science* 5 (2007), pp. 57-72를 보라.
39) Dennett, *Breaking the Spell*, pp. 31-32.
40) Tina Beattie, *The New Atheists: The Twilight of Reason and the War on Religion*. London: Darton, Longman & Todd, 2007, pp. 7-9.
41) Christopher Hitchens, *God Is Not Great: How Religion Poisons Everything*.

New York: Twelve, 2007, p. 13.

42) Christopher Hitchens에 대한 Ian Parker의 소개글에서 인용. 'He knew he was right,' *New Yorker*, 16 October 2006.

43) Christopher Hitchens, *God Is Not Great*. pp. 13, 25.

44) 유명 인사가 신과 비슷한 권위에 오르는 과정에 대해서는 Pete Ward, *Gods Behaving Boldly: Media, Religion, and Celebrity Culture*. Waco, TX: Baylor University Press, 2011를 보라.

45) George M Marsden, *A Short Life of Jonathan Edwards*. Grand Rapids, MI: Eerdmans, 2008, p. 131.「조나단 에드워즈와 그의 시대」(복있는사람).

46) Hitchens, *God Is Not Great*. p. 7.

47) Hitchens, *God Is Not Great*. p. 176.

2. 새로운 무신론의 '새로움'

얼핏 보면 새로운 무신론 운동은 1960년대 인권 운동이나 최근의 동성애 운동처럼 무신론의 동등한 권리와 책임을 요구하는 운동 정도로 이해할 수 있다. 하지만 저널리스트 게리 울프는, 새로운 무신론이 내세운 의제에는 분명 공감하면서도, 그런 운동과는 비교할 수 없을 정도로 심각한 결점이 새로운 무신론에 있음을 따끔하게 지적한다.

> 동성애 정치학은 엄밀히 말해 인권 운동이다. "각자 자신의 삶을 살게 하라." 하지만 [도킨스의] 입장에서 무신론은 이 좋은 소식을 공격적으로 전파하는 것 말고는 다른 대안을 인정하지 않는다. 무신론 전파는 윤리적 명령이다. 도킨스는 단순히 종교적 신화에 반대하는 것이 아니다. 그가 반대하는 것은 종교적 신화를 용인하는 일이다.[1]

울프의 분석은, 왜 그렇게 많은 온건한 무신론자들이 이 새로운 무신론에 대해 일종의 당혹감 같은 것을 느끼는지 그 실마리를 제공한다. 그가 묘사하는 새로운 무신론은 상호 용납을 조성하기보다는 비판적이고,

교조적이며, 광적이고, 공격적으로 자신들의 문화적 공간을 확장할 방안을 모색한다. 새로운 무신론과 달리 미국 인권 운동은 백인을 조롱하거나 백인이 공직에서 배제되어야 한다고 요구하지 않았으며, 모든 사람의 동등한 인권을 기치로 내걸었다.

우리는 조금 후에 이 주제로 다시 돌아올 것이다. 그러기 전에 먼저 이 '새로운' 무신론이 '오래된' 무신론과 어떻게 다른지 살펴보자.[2]

반유신론으로서의 새로운 무신론

무신론은 매우 다양한 형태로 등장한다. 대다수의 사람들은 신에 대해 적개심을 품거나 신이 존재하지 않는다는 믿음을 적극적으로 개진하지 않는 무신론에 익숙할 것이다. 이런 '온건한 무신론' 혹은 '중립적인 무신론'은 대체로 불가지론에 가깝다고 말하는 게 더 정확한 설명이다. '신이 존재한다고 믿지 않는 것'과 '신이 존재하지 않는다고 믿는 것'은 엄청나게 다르기 때문이다.

새로운 무신론의 추종자들은 이 문제를 두고 진지하게 고민한 후 신이 존재하지 않는다고 적극적으로 믿는 무신론자로 등장했다. 온건한 무신론자들이 자신의 입장에 대해 합리적 근거를 거의 혹은 전혀 제시하지 않는(그런 필요를 느끼지 않는다) 반면, '열렬한' 무신론자들(다른 이들은 '회의적' 혹은 '적극적' 무신론이라는 말을 더 좋아하지만)이라 부르는 게 최선인 새로운 무신론자들은 매우 뚜렷한 주장과 관점에 입각해 이전보다 분명한 입장을 취한다. 사회학 연구는 온건한 무신론자가 열렬한 무신론자의 수보다 훨씬 많다고 보고한다.

열렬한 무신론자들이 견지하는 입장은 놀라울 정도로 광범위하다. 신은 거부하지만 (사람의 이성, 과학적 진보 혹은 무신론적 영성 같은) 다른 것을 믿음의 대상으로 삼는 경향을 가진 이들이 있는가 하면, 신에 대한 거부로 인해 감당하기 힘든 영혼의 빈곤을 느끼고 무신론적인 동방 신비주의나 영성에 의지하는 입장을 견지하는 이들도 있다. 또는 신을 거부한다고 해서 초월 개념까지 버리지는 말자며 선(zen) 같은 초월적 관념을 추구하는 이들도 있다.

온건한 무신론이나 열렬한 무신론이 반드시 혹은 본질적으로 반유신론(anti-theism)적인 것은 아니다. 이런 형태의 추종자들도 대개 자신들을 긍정적인 운동을 하는 사람으로 이해하면서 윤리와 영성에 깊은 관심을 보이는 경우가 많다. 그들은 신을 믿는 이들이 틀렸다고 생각하지만, 그런 사람들이나 사상에 특별히 반감을 갖고 있지는 않다. 특별히 종교적 신념이나 행위에 적대적인 감정을 품고 있지 않기에, 그들은 신을 믿는 이들과의 건설적인 대화와 논쟁에 기꺼이 참여한다[훌륭한 예로 최근 선도적인 두 이탈리아 사상가이자 무신론자인 움베르토 에코(Umberto Eco)와 로마 가톨릭 추기경 카를로 마르티니(Carlo Maria Martini) 사이의 격조 높고 고무적인 대화를 들 수 있다].[3]

새로운 무신론은 다르다. 이 운동의 특징은 반유신론자들—종교적인 것은 모조리 없애야 한다고 호전적으로 주장하는 이들—이 보다는 대체로 중산층과 백인, 남성이 주축을 이루고 있다는 것이다. 새로운 무신론을 이끄는 대표자 네 명 모두 매우 비슷한 지위와 특권을 배경으로 성장한 앵글로-색슨계 개신교 남성이라는 점은 이런 측면에서 주목해 볼 만한 부분이다.[4] 크리스토퍼 히친스는 이를 존경스러울 만큼 간결하게 표현한다. "나는 무신론자보다는 반유신론자에 가깝다."[5] 이런 반유신론은 다른 '네 명의 기수'들의 저술에서도 동일하게 두드러진다. 이를 통해 이 운동의 성격이, 자신이 지향하는 바가 아니라 반대하는 바에 의해 좌우되고 있음을 우리는 알 수 있다.

그렇다면 새로운 무신론의 핵심 정체성이 반대편에 달려 있다고 결론내리는 것이 맞지 않을까? 하버드 대학교의 휴머니스트 그레그 엡스타인(Greg Epstein)은 그렇다고 생각한다.

> 무신론은 신에 대한 믿음을 전혀 갖지 않는 반면, 반유신론은 신에 대한 믿음이 지닌 최악의 면모를 적극적으로 밝혀 내 그것을 모든 종교의 표본으로 묘사하는 특징을 갖고 있다. 반유신론은 사람들을 부끄럽고 곤란하게 만들어 종교에서 돌아서게 하며, 호전적인 신을 믿는 것이 얼마나 어리석은지를 사람들에게 고압적으로 주장한다.[6]

그러면서 엡스타인은, 반유신론자들이 편파적인 정형화로 종교를 비꼬기보다는 차라리 적극적인 일을 하는 게 좋을 것이라고 제안한다.

새로운 무신론에 대한 엡스타인의 비판은 새로운 무신론의 극단주의와 과격한 언사에 충격을 받고, 종교인을 악당과 얼간이로 몰아붙이는 조롱에 경각심을 느낀 수많은 휴머니스트와 무신론자들의 우려와 공명한다. 얼마전 크리스토퍼 히친스는 테레사 수녀를 "광신도, 근본주의자, 사기꾼"이라고 혹평하며 다음과 같이 말했다. "수백만 명의 사람들이 그녀로 인해 비참해졌다. 그 매춘부가 가야 할 지옥이 없다는 게 안타까울 뿐이다." 이는 어리석은 행동이었고 히친스는 나중에 이와 같은 자신의 언행에 대해 진심으로 사과했다.[7] (히친스의 이전 동료 중 한 명은 이를 다음과 같이 익살스럽게 논평했다. "나는 심적으로는 테레사 수녀 편이다. 당신이 거적을 뒤집어쓰고 캘커타의 시궁창에 앉아 있다고 생각해보라, 당신에게 수프 한 접시를 갖다줄 사람이 누구일 것 같은가?[8]")

다른 열렬한 무신론자들처럼 새로운 무신론자들도 신은 없다고 믿는다. 다만, 다른 무신론자들은 이것을 일차적인 신념과 구심점으로 이해하는 반면, 새로운 무신론은 이것을 이차적인 것으로 받아들인다. 온갖 형태의 종교적 신념과 행위에 맞선 총체적이고, 원색적이며, 무조건적인 반대를 그보다 우선시하는 것이다. 일반적으로 새로운 무신론이 주입하는 것처럼 '종교'가 괴이하거나 위험하다는 주장에 대한 실제적인 증거는 거의 없지만, 이런 사실은 그들에게 그리 중요하지 않다. 이런 사고방식은 종교에서 소외된 일부 사람들에게 무척 호소력 있게 들리는데, 왜냐하면 이것이 적어도 지적인 깊이와 도덕적인 원리에 버금가는 무엇을 제공하는 것처럼 생각하기 때문이다.

나는 새로운 무신론의 추종자들로부터 내가 영국을 대표하는 대학교에서 교수로 일해서는 안 된다는 진지한 지적을 여러 차례 받았다. 신을 믿고 있으니 내가 어리석고, 악하고, 지적으로 불안정하다고 그들은 말한다. 그렇기 때문에 많은 사람들의 유익을 위해 내가 철저히 격리당해 마땅하다고 말이다. 이런 식의 공개적인 모독을 당했을 때, 나를 가장 강력하게 옹호해 준 지지자들은 다름 아닌 온건한 무신론자들―대체로 학자들―이었다. 그들은 이러한 무모한 적개심에 실망하고, 이런 일이 무신론의 공적인 이미지에 심각한 손상을 끼친다며 매우 진지하게 우려하고 있었다. 교양 있고 학구적인 사회와 문화는 어떤 사상가를 그가 그런 사상을 갖고 있다는 것만으로 일방적으로 폄하하지 않고, 오히려 그런 사상에 관해 적극적으로 논의해야 한다고 생각하며 사람과 그 사람이 갖고 있는 사상을 온당하게 구분할 줄 안다. 하지만 새로운 무신론자들은 사람과 사상 모두를 조롱거리로 만드는 데 혈안이 되어 있는 듯하다.

새로운 무신론의 확장

앞 장에서 나는 새로운 무신론을 '네 명의 기수'들이 쓴 정경 문서로만 한정해 규정하거나 설명해서는 안 된다고 말했다. 새로운 무신론은 이들 네 명의 저자들을 합리적·과학적 세계관으로 인도하는 권위 있고 창조적인 안내자로 보는 사람들로 구성된 전 세계적 커뮤니티를 만들어 냈다. 그들은 이 합리적·과학적 세계관에 인류의 미래가 달려 있다고 확신한다. 이렇게 만들어진 온라인 커뮤니티와 블로그는 새로운 무신론에 사회학자 피터 버거(Peter Berger)가 말하는 일종의 '타당성 구조'(plausibility structure)를 제공하며, 무엇보다 인식되고 있는 외적·내적 위기 앞에서 공유될 일체감과 연대 의식을 제공한다.

2004년 말부터 나는 이들 웹 사이트와 온라인 커뮤니티를 연구하면서, 새로운 무신론 사상이 광범위한 차원에서 어떻게 이해되고 수용되고 있는지에 관한 흥미로운 사실을 발견했다. 신학을 공부한 사람이라면 누구나 신학 이론과 종교적 신앙 및 행동 사이에 존재하는 엄청난 간격을 인식할 것이다. 그와 비슷한 괴리가 새로운 무신론 운동 안에도 존재하는데, 이는 이론 사회학자들에게 풍부한 먹잇감이 된다. 이 운동의 통속적 표현은 지적인 내용이나 열광의 정도 둘 다에 있어서, 사실 지도자들의 핵심 사상과 전혀 다른 경우가 많다. 이들 블로그와 온라인 커뮤니티는 새로운 무신론의 심장으로 이 운동을 지켜보는 비판자나 지지자 모두가 크게 관심을 두어야 하는 부분이다.

나중에 조금 더 살펴보겠지만, 새로운 무신론은 물리적 모임과 공동체라는 측면에서는 놀랄 만큼 초라한 성과를 거두었다(이 점을 중시하는 기독교와는 사뭇 대조적이다). 하지만 온라인상에서 이 운동의 존재감은 매우 크다. 2010년 2월 "이성과 과학을 위한 리처드 도킨스 재단"(Richard Dawkins Foundation for Reason and Science)—이 재단은 리처드 도킨스와 다른 무신론자들을 홍보하는 것을 목적으로 하고 있다[9]—이 주관한 한 포럼은 지구촌 전역에서 8만 5천 명의 회원을 모았고, 가장 큰 무신론 온라인 커뮤니티라는 명성을 얻었다.

누구나 충분히 예상할 수 있듯이, 이 온라인 무신론 포럼은 비합리적이고 비윤리적이라고 비난받는 종교에 대한 지독한 반감을 특징으로 한다. 가입과 활동에 있어 익명성을 보장하는 이 블로그가 일상적인 사회 관습과 제약들을 넘어서는 과격한 표현을 부추길 수 있음을 충분히 감안하더라도, 이 전투적 무신론자들이 쏟아 내는 거친 언사들은 종교인이 아닌 외부인조차 불쾌하게 만든다. 종교는 나치즘 같은 것이라서 이해해야 할 대상이 아니라 제거해야 할 대상이고, 종교를 존중하는 것은 히틀러를 숭배하는 것이나 다를 바 없으며, 윤리적으로 받아들일 수 없고, 효과적인 면에서도 부적절하다고 그들은 단언한다. 새로운 무신론의 거품 밖에 있는 사람들은 이런 견해에 대해 단순히 편집증적인 헛된 생각이라고 간주하려 들겠지만, 적잖은 블로거들은 종교가 자신들을 낚기 위해 엄청난 계략을 꾸미고 있다고 정말로 확신하고 있다. 그러기에 공격만이 최선의 방어라는 생각에 먼저 공격하는 것이 능사라고 그들은 생각한다. 적들이 자신을 죽이기 전에, 적들을 먼저 죽여야 한다고 말이다.

새로운 무신론의 불안

최근 나는 이들 온라인 커뮤니티에서 무언가 변화가 일어나고 있다는 사실을 발견했다. 전성기를 맞았던 2006년과 2007년 그들의 분위기는 한마디로 장밋빛이었다. 그때는 새로운 무신론이 이제 막 떠오른 아침 햇살처럼 온 세상을 한없이 비출 것만 같았다. 하지만 지금은 그렇지 않다. '신앙의 위기'가 시작된 걸까?

작은 실례가 현실화된 우려 가운데 하나를 보여 준다. 많은 평론가들에게 '네 명의 기수'들이 출간한 책들의 엄청난 판매량은, 무신론이 공적인 영역에서 종교를 몰아내고 있다는 확실한 조짐처럼 보였다. 책의 판매량은 문화적 분수령이 이루어지고 있음을 표면적으로 나타내는 징조라고 말이다. 정말일까? 확실히 도킨스의 「만들어진 신」은 북미에서만 거의 100만 부 가까이 팔려 베스트셀러 목록에 올랐다.[10] 하지만 신뢰할 만한 보도에 따르면 릭 워렌(Rick Warren) 목사의 기독교 책 「목적이 이끄는 삶」(*The Purpose Driven Life*) 또한 2002년 출간된 뒤 북미에서만 거의 3천만 부나 팔렸다. 새로운 무신론자들의 주력 상품이 릭 워렌 목사의 책 같은 종교 분야 베스트셀러 판매량의 3퍼센트 정도에 미치지 못했다면(이런 사실은 상대적으로 대중매체의 주목을 받지 못했다), 새로운 무신론의 수적 우세와 문화적 영향력에 대해 우리는 뭐라고 말할 수 있을까?

사실 2007년 말—새로운 무신론의 핵심 선언문들이 발간되고 그에 대한 관심이 절정에 달한 직후—베일러 대학교에서 실시한 미국 내 종교 실태 조사에 의하면,[11] 자신을 무신론자로 분명히 규정하는 미국인은 4퍼센트에 불과했다. 이는 리처드 도킨스와 릭 워렌의 비교 판매량이 미국 내 종교 커뮤니티와 무신론 커뮤니티의 상대적 규모를 제법 정확하게 반영한 것임을 보여 주는 방증이다.

흥미로운 것은, 전국 표본의 11퍼센트가 '종교를 갖고 있지 않다'라고 밝혔다는 점이다. 그러나 무신론 웹 사이트는 이 숫자를 긍정적으로 보면서 이 숫자가 신을 믿지 않는 사람들을 가리키고, 따라서 점점 커 가는 무신론의 영향력을 나타내는 것이라고 이해하려고 한다. 하지만 이 설문 조사에 의하면 미국인의 약 4퍼센트 정도만이 자신을 실제로 무신론자로 규정할 뿐, 나머지 7퍼센트는 '비종교인'이 아니라 단순히 '교회에 다니지 않는' 사람들을 의미하는 것으로 보인다.[12] 실제로 교회를 설립하려는 많은 미국 목사들은, 종교적 성향과 관심은 있으나 단지 교회라는 제도에 얽매이고 싶지 않은 사람들이 많다는 사실을 오래전부터 인식해 왔다.[13]

새로운 무신론의 핵심 저작들이 종교 베스트셀러에 훨씬 미치지 못하는 판매량을 보이는 것은 무신론 블로그에서 상당한 화제가 되었다. 릭 워렌 목사의 책이 도킨스의 책보다 그렇게 많이 팔린 이유는 무엇일까? 그러나 그리 현명해 보이지 않는 다음 댓글에서 분명히 드러나듯이, 새로운 무신론 블로거들은 릭 워렌 목사의 중요성에 대해 반성하기보다는 그를 조소하기에 바쁘다. "리처드 도킨스에게는 릭 워렌에게 없는 한 가지 장점이 있다. 글을 읽을 줄 아는 사람들이 그의 책을 구입했고, 실제로 책을 읽었다는 것이다."[14] 그러나 안타깝게도 이런 말들로 인해 새로운 무신론이 거만해지고 있으며, 점점 더 실제 상황에서 벗어나고 있다는 대중적 인식이 오히려 널리 확산되고 말았다.

실제로 새로운 무신론이 일시적인 유행, 즉 단기간의 문화 현상으로 끝날지 모른다는 우려가 크게 번지고 있다. 이런 우려는 평론가들이 이 운동이 미칠지 모르는 장기적 의미를 밝히려고 애썼던 2007년에 표면화되기 시작했다. 새로운 무신론은 정확히 무엇이 새로운가? 새로운 무신론은 기존 논쟁에 어떤 새로운 전망과 사실을 소개하는가? AP통신의 브루스 드실바(Bruce DeSilva)가 이 문제에 대한 여론을 정확히 포착한 듯 보인다. 「신은 위대하지 않다」에 대한 서평에서 그는 다음과 같이 말했다. "히친스가 누구보다 말을 잘한다는 사실을 제외하면 그에게 새로운 것은 아무것도 없다."[15] 물론 새로운 무신론에는 참신한 것이 있다. 하지만 그것은 종교에 대한 비아냥의 강도에서이지 비판의 본질에서는 아니다.

새로운 무신론의 정통 교리에 대한 또 다른 우려들이 일부 무신론 웹 사이트에 정기적으로 등장한다. 종교는 본질적으로 하나같이 악하다는 샘 해리스의 폭력적인 묘사가 특히 문제를 불러일으키는 것 같다. 정말로 그 문제가 그렇게 간단히 정리될 수 있는 것인가? 그 주장에는 일반 대중들이 믿을 수 있는 어떤 설득력이 있는가? 이런 식의 우려들이 비판적인 사고에 조금 더 열려 있는 소수의 웹 사이트에서 끊임없이 등장한다. 대담한 영혼들은 그런 지배 논리에 이의를 제기하며, 과장된 증거에 대한 비판적 논의를 점차 보편화시키고 있다.

그럼에도 이들 포럼에서 종교인들에게 동조하는 사람들이나 새로운 무신론의 고상한 이상과 핵심 교리에 의문을 제기하는 사람들은, 종교 파괴를 방해하는 온정주의자, 운동을 오염시키는 배신자, 협잡꾼, 매국노 등으로 불리며 그곳 사람들에게 여전히 맹렬한 분노의 대상이 되고 있다.

이 점을 입증하기 위해, 새로운 무신론 블로그가 이 운동의 선배격이고 신중한 무신론 대표자였던 이에게 보인 반응을 살펴보자. 그 사람은 바로 대중적인 무신론 개론서 「무신론 입문」(*Very Short Introduction to Atheism*)의 저자이자 중립적인 영국인 무신론자 줄리언 바지니(Julian Baggini)다.[16] 나는 몇 년 전 그와 종교 문제에 대해 토론하는 즐거움을 누리면서, 그가 매우 지적이고 존경할 만한 인격을 지닌 사람임을 알았다. 한마디로 그는 무신론에 후한 점수를 주게 하는 그런 사람이었다. 그 일을 계기로 2009년 그와 관련하여 일어난 한 사건은 나에게 무척 흥미로웠다.

줄리언 바지니 사건

그해 초 바지니는 노르웨이의 휴머니스트 잡지 "자유 사상"(*Fri Tanke*)에 글 하나를 실었다.[17] 이 잡지는 웹 사이트에 큼지막하게—하지만 바지니가 직접 고르지 않은—제목을 단 영어판 초고를 게시했다. "새로운 무신론 운동은 파괴적이다."[18] 새로운 무신론 온라인 커뮤니티는 즉각 공세를 펼쳤는데, 그 비판은 명백히 내용보다는 제목으로 인한 것이었다. 나중에 바지니는 자신의 글에 대한 사람들의 반응에 씁쓸해하며 다음과 같이 말했다. "나는 RichardDawkin.net의 여러 비평가들에게 이단자로 낙인찍혀 화형당했다. 그들은 나를 벌레, 머저리, 든 거라고는 공기밖에 없는 에어백 등으로 불렀다."[19] 그들은 그 외에도 여기에 옮길 수조차 없는 험악한 별명들을 그에게 붙여 주었다.

도대체 바지니는 무슨 말을 했던 것일까? 그가 어떤 주장을 했기에 사람들이 그에게 그렇게 심한 반응을 했던 것일까? 여러 무신론 웹 사이트를 돌아다니며 연구한 관찰자로서, 나는 그곳에서 한 가지 기본 원리를 발견했다. 특정 관점에 퍼붓는 조롱의 정도는, 그 견해가 온라인 커뮤니티의 핵심 신념에 가하는 위협의 정도에 정확히 비례한다는 사실을 말이다. 그리고 여기에서 파생되는 필연적 결과는 매우 파괴적이다. 바로 이 운동의 블로거들은 새로운 무신론을 비판하는 사람은 누구든지 무의식중에 비합리적이고, 반과학적이며, 은밀한 종교 옹호자임을 스스로 자백하는 자로 간주한다. 배신자로 말이다. 하지만 바지니는 단지 새로운 무신론 외부의 관찰자 대다수가 이 운동에 대해 품고 있는 다음과 같은 중요하고 유효한 비판 두 가지를 대변했을 뿐이다.

첫 번째 그의 비판은, 새로운 무신론이 자신의 긍정적 신념이 아닌 종교에 대한 공격에 더 많이 집중한다는 점이다. 예컨대 "종교적 신념에서 악한 행동으로 이어지는 논리적 길이 있다"는 도킨스의 근거 없는 주장이 바로 그런 경우다. 바지니의 입장에서 볼 때, 이 주장은 "비난을 퍼부을 사제가 없는 무신론은 물 없이 사는 물고기와 같다"라는 속담을 강화할 따름이다. 실제로 바지니는, 도킨스의 주장이 이런 말보다 훨씬 나쁘다고 지적한다. 이런 말은 무신론자들에게 "자신들의 정체를 확인시켜 줄 적군이 필요하다"는 공공연한 의심을 강화시킬 뿐이다. 실제로 무신론을 주도하는 웹 사이트들을 자세히 조사해 보면, 바지니의 우려가 단순히 기우가 아님을 금방 알 수 있다. 새로운 무신론의 추종자들 가운데 상당수는, 자신들이 종교 세계를 말살하는 거룩한 전쟁에 가담하고 있다고 확신한다. 그들은, 이 성전이 자신들의 존재의 이유, 즉 존재의 핵심이라고 굳게 믿고 있다.

바지니의 두 번째 비판은, 새로운 무신론이 이성에 대한 독점권을 오만하게 주장한다는 점이다. "(종교를) '주문'이요 '망상'이라고 치부함으로써 새로운 무신론은, 무신론 이외의 입장은 모두 무지하거나 어리석게도 이성을 폐기했기 때문에 취하게 된 결과라는 인상을 심어 준다."[20] 바지니에 따르면 이성의 한계를 겸허히 인식하고, 종교적 신념에서도 이성과 증거가 중요한 역할을 담당한다는 사실을 인정하는 것은 매우 중요하다.[21] 신앙이란 "생각을 해 나가면서 증거를 저울질해야 할 책무를 피하는 핑계" 혹은 "구실"에 불과하다는 도킨스의 섣부른 정의야말로 "오만하고, 이성에 지나치게 많은 권위를 부과한 것이다."

바지니는, 새로운 무신론자들이 이성에 대해 조금 더 회의적이어야 한다고 주장한다. 바지니에 의하면 도킨스를 비롯한 많은 무신론자들은 "해답을 과학에서만 찾으면서 종교를 무시하고, 자신의 정당성을 과도하게 확신한다"는 전혀 도움이 되지 않는 정형화를 강화할 따름이다. 즉 새로운 무신론은 자신들의 주장에 대한 어떠한 의심도, 다른 의견에 대한 일말의 존중도 허용하지 않는 독단을 특징으로 한다.

이런 비판을 새로운 무신론 진영에 속한 어떤 이들은 터무니없는 주장이라고 치부하려 한다. 하지만 이런 비평은 철학이나 과학적 지성을 갖춘 수많은 이들이 보여 주는 보편적인 반응이다(이것에 대해서는 나중에 조금 더 다루기로 하자). 바지니는 단지 이런 현실을 있는 그대로 대변했을 뿐이다. 그에게 쏟아진 반응은, 이성과 증거가 자신들의 신념을 뒤엎는다 하더라도 이를 중시한다고 주장하는 커뮤니티가 보여 주어야 할 반응은 분명 아니었다.

도킨스 포럼의 괴이한 이야기

새로운 무신론 커뮤니티 내부의 이와 같은 방어적 공격성은 최근 "도킨스 포럼"의 폐쇄를 둘러싸고 벌어진 격렬한 논쟁에서 가장 분명하고, 파괴적인 양상으로 나타났다. 2010년 초까지만 해도 "리처드 도킨스 이성과 과학 재단" 웹 사이트의 이 분과는 무신론을 선도하는 온라인 커뮤니티로서 그 위치를 공고히 했다. 그러나 현재 이 분과는 상당수 회원들이 탈퇴를 당해 댓글을 달 수 없을 정도로 혼란스러운 상태가 되었다.

　도킨스 포럼의 폐쇄는 관리자의 통제권을 확보하기 위해 웹 사이트의 기존 포럼 분과를 닫기로 결정한 2010년 2월 23일에 시작되었다. 이 결정의 배후에 누가 있었는지는 정확하게 드러나지 않았지만, 폐쇄 선언은 왕성하게 활동하고 있던 회원들을 경악시켰고, 그들은 즉시 격앙된 반응을 보였다. 온건파 중 한 사람이었던 피터 해리슨(Peter Harrison)은 더 이상 그 포럼에서 자신이 아무런 일도 할 수 없다는 사실을 알고 큰 충격을 받았다. 해리슨은 "세상에서 가장 활발한 무신론 포럼"의 폐쇄는 "거짓말, 검열, 비겁함"의 문제라고 주장하며 이를 맹렬히 비난했다.[22] 그러나 그를 비롯한 많은 사람들은 RichardDawkins.com 동료들에게 잔인한 배신을 당하고 말았다.

이를 보며 다른 회원들 또한 즉각적으로 분노를 표출했는데, 당시 많은 이들은 이 책에 담을 수 없을 정도의 증오심 가득한 욕설을 이 사태의 당사자들에게 퍼부었다. 블로거들은 표현이 자유로운 다른 웹 사이트를 돌아다니면서, 이런 결정에 책임이 있다고 추측되는 웹 사이트 운영자 조시 티모넨(Josh Tomonen)과 리처드 도킨스를 향해 증오와 분노, 분통, 노골적인 경멸을 쏟아 냈다.

당시 오스트레일리아 강연 여행 중이던 도킨스는 이 예상치 못한 사건의 전개에 당황했던 것 같다. 그는 2월 24일에 서둘러 쓴 "분노"라는 제목의 기고문을 통해 이런 결정으로 생긴 자신에 대한 "터무니없는 적개심"에 비평적으로 응수했다. 도킨스는 그 글에서 익명의 비평가들로부터 받은 유례없는 인신공격으로 인해 "엄청난 사랑과 존경을 받던 인물"(자기 자신?)이 겪는 비애감을 표출했다.[23] 아마도 도킨스는 "곪아터진 생쥐의 치질"—억압된 합리성과 과학이라는 오아시스의 반항적 회원들이 사용한 것으로 보이는 고상한 표현 가운데 하나였던—이라는 말에 상처를 입었던 것 같다.

분명히 해 둘 게 있다. 도킨스는 분명 자신의 새로운 무신론 비판자들에게 부당한 대우를 받았다. 니체식 '군중 심리'가 이성의 냉철하고 임상적 판단을 중시하는 어떤 가식으로 대체되면서 그는 가련한 먹잇감이

되고 말았다. 나는 그의 입장에 전적으로 공감했다. 바지니가 바르게 지적했듯이, 새로운 무신론의 수많은 광신도들은 적의 정체를 규정하고 비방하는 데서 자신들의 정체성을 찾는다. 그리고 이 엄청난 방향 전환으로 도킨스조차 하루아침에 적으로 간주되어 버렸다. 무신론 신도들이 쫓아내야 할 적으로 말이다.

많은 무신론 블로거들은, 포럼 폐쇄가 새로운 무신론에 대한 공적인 평판에 좋지 않은 영향을 미칠까 우려했다. 그들 중 어떤 사람은, 이 사건으로 인해 무신론자들은 건전한 커뮤니티를 세울 능력이 없다는 비난을 듣게 되었으며, 또한 "신을 배제한 선" 논쟁에서 도킨스가 비난받는 화젯거리로 전락했음을 개탄했다.[24] 그러나 사실 포럼 폐쇄는 진짜 문제가 아니었다. 이 사건으로 인해 새로운 무신론자들이 자신들의 공동체적 미덕에 대해 그동안 갖고 있던 매우 오만한 과신에 상당한 타격을 입긴 했지만, 이 일로 가장 주목을 받은 것은 이 내전의 대단히 공적인 성향이었다. 내전 덕분에 그동안 장막에 가려 있던 것이 드러나면서 외부인이 그들의 요새 안을 들여다볼 수 있게 된 것이다. 그들은 겉보기와는 너무나 달랐다. 사람들은 새로운 무신론자들에게서 "이성의 향연과 영혼의 충만함" [알렉산더 포프(Alexander Pope)]이 대접받는 것을 보기는커녕, 편견과 지적 능력, 심각한 관심 부족, 그리고 자신들에 동조하지 않는 이들에 대한 본능적 경멸을 목격했다.

다시 말하지만 도킨스가 포럼의 일부 기고자들, 특히 악성 댓글로 자신들이 사회적 사이코패스이거나 다른 정신적 혼란을 겪고 있는 사람일지도 모른다는 주장을 한 이들에게 그런 행위를 중단해 줄 것을 요청한 것은 전적으로 옳았다. 웬만한 일에는 놀라지 않는 나도, 이 블로거들의 노골적인 구호, 악의적 경멸, 언어 폭력과 터무니없는 증오심에 충격을 받을 정도였다. 새로운 무신론 웹 사이트만큼 끔찍한 곳을 나는 지금껏 본 적이 없다. 도킨스 자신의 말처럼 이런 불쾌한 면모가, 익명성이 책임의식의 결여와 결합되면서 심각하게 부풀려졌음에는 의심의 여지가 없다.[25] 그러나 중요한 것은, 이와 같은 비합리적인 증오심이 오직 종교의 전유물이라고 그토록 주장했던 이들에게서도 동일하게 일어났다는 점이다!

하지만 이야기는 여기서 끝나지 않는다. 도킨스는 2009년 자신의 책 「지상 최대의 쇼」(*The Greatest Show on Earth*)를 도킨스 웹 사이트 운영자이자 자신의 제자인 조시 티모넨에게 헌정했다. 하지만 2010년 10월, 도킨스는 티모넨을 경찰에 고소했다. 티모넨이 자신을 속이고 웹 사이트를 통해 판매한 무신론 상품과 도킨스 기념품 수익금 수십만 달러를 착복했다는 이유로 말이다.[26] "세상에서 가장 유명하고 가장 존경받는 무신론자"(내가 아는 무신론자 중에 그에 대한 이런 평가를 인정할 사람은 거의 없지만)라고 자신을 공손하게 묘사했던 티모넨에게 도킨스는 피해 보상으로 95만 달러를 요구했고, 티모넨은 그런 도킨스의 "최악의 배신"에 대해 "무자비한 피의 복수"를 하겠다는 말로 비난했다.[27] 결국 새로운 무신론의 공적인 위상에 아무런 도움이 되지 않는 이 사건은 대대적인 스캔들이 되고 말았다. 이 사건은 종교 기관의 각종 비리에 대해 익숙해 있는 나에게조차 매우 충격적인 사건이었다.

오늘날 새로운 무신론이 점차 또 하나의 새로운 종교 운동처럼 되어가고 있다고 생각하는 사람들이 많은 것도 결코 무리가 아니다. 나아가 종교 사회학의 범주를 여기에 적용해 볼 때, 새로운 무신론 운동이 밀교(sect) 비슷하게 행동하고 있음을 우리는 알게 된다. 경계선을 치고 커뮤니티 내부를 엄격하게 감시하고 통제하며, 절대로 오류가 없는 경전을 갖고 있으며, 오직 자신의 지도자에게 존경과 경외심을 드리는 행태는 실제로 밀교와 아무런 차이도 없다.

다른 이들과 더불어 나는, 새로운 무신론이 일종의 유명인 문화(celebrity culture)와 비슷하다는 생각이 든다.[28] 유명 인사에 대한 이런 집착은, 새로운 무신론이 핵심 경전을 저술한 베스트셀러 인물들에게 왜 그렇게 집착하는지, 그리고 도킨스와 그의 동료들을 비판하는 이들에게 왜 그렇게 공격적인지를 잘 설명해 준다. (내가 「도킨스의 망상」에서 했던 것처럼, 제목에서 새로운 무신론의 '네 명의 기수' 중 어느 한 사람을 거론만 해도 그 운동의 신봉자들은 그런 행위를 가당찮은 오만으로 간주한다. 우주적 중요성을 지닌 그런 인물을 누구도 비판할 수 없다고 말이다.) 새로운 무신론 운동의 거품을 우려하는 외부인들은, 이 새로운 운동이 개인 숭배로 변질되고 있으며, 추종자들로 하여금 지도자의 견해와 행동을 단순히 반복하도록 분위기를 조장하고 있음을 심각하게 생각하고 있다. ("이성과 논리를 따르는 자유 사상가"라고 불리는 다른 그룹은 인생의 중요한 윤리 문제를 어떻게 다뤄야 하는지에 대한 조언을 새긴 티셔츠를 판매하고 있다. "'도킨스라면 어떻게 할 것인가?'라고 물으라."[29])

다음 글에는 일부 새로운 무신론 웹 사이트에서 '네 명의 기수들'에게 부여한 무비판적 찬양을 경계하는 한 무신론자의 우려가 잘 담겨 있다.

> 철학적으로 새로운 무신론에 동의하는 만큼, 나는 그 '제자'들 상당수가 지닌 사이비 종교적 열정을 우려한다. 한번 굳어진 성향이 (정말로) 좀처럼 사라지지 않는 것처럼, 유일신 종교를 버리고 무신론을 수용한 많은 사람들이 지적 영웅을 숭배의 대상으로 여기는 버릇을 버리지 못하고 있다. 이는 모든 가치 변혁이 직면할 수밖에 없는 첫 번째 단계다. 하지만 군중 심리적 행동은 언제나 나를 두렵게 만든다.[30]

가장 세속적인 영국 신문으로 널리 인정받는 "인디펜던트"(*Independent*)지가 2009년 도킨스를 영국에서 가장 돋보이는 인물 가운데 하나로 선정했을 때, 한 무신론 블로거는 도킨스의 무오류성을 넌지시 비판한 그 잡지에 대해 다음과 같이 극명한 분노를 표했다. "리처드 도킨스는 조금 잘난 인물이 아니다. 그는 언제나 옳다. 그뿐 아니라 그는 최고의 지성이다."[31]

이러한 그들의 진술 속에 다음과 같은 중요한 모티프가 내재되어 있음을 우리가 주목할 필요가 있다. 새로운 무신론자들은 지적이다. 그들은 종교의 망상과 거짓 확신을 깨뜨리고 벗어날 만큼 지성적이다. 요컨대, 그들만이 '현명하다'(Bright). 이러한 그들의 주장은 새로운 무신론 세계의 또 다른 중요한 발전으로 우리를 인도한다.

'브라이트'의 창안

'무신론'이란 용어가 말할 수 없을 정도로 따분하고, 전혀 도움이 되지 않는 부정적인 의미로 인식되고 있음을 안 두 명의 캘리포니아 교육 전문가 폴 게이세르트(Paul Geisert)와 뮌가 푸트렐(Mynga Futrell)은, 자연주의 세계관을 지닌 이들을 지칭하기 위해 '브라이트'(Bright)라는 단어를 만들어 냈다. '게이'가 남성 동성애자를 가리키는 훨씬 긍정적인 표현으로 받아들여졌듯이, '브라이트'가 무신론자와 그들의 여행 동반자들을 가리키는 긍정적인 용어로 받아들여지기를 바라는 마음으로 말이다.

게이세르트와 푸트렐은 2003년 봄 플로리다에서 열린 무신론 대회에서 명칭 개편을 위한 캠페인을 본격적으로 시작했는데, 이 대회는 리처드 도킨스와 대니얼 데닛으로부터 즉각적인 지지를 받았고, 두 사람 모두 영국과 미국의 자유주의 성향의 신문사들에 그 모임의 취지를 적극적으로 홍보했다.[32] 영국에서의 도킨스의 지원이 특히 성공적이었는데, 많은 영국 언론은 새로운 세력이 서구 문화에 등장하고 있다고 믿었다. "미래가 브라이트를 주목하고 있다!"

이 흥미로운 발전 과정에 대해 조금 더 자세히 살펴보자. 2006년 영국에 등장한 브라이트에 대해 논평하며 저널리스트 게리 울프는 런던의 브라이트 만남(meetup)—그들은 이 단어를 모임(meeting)이라는 일반적인 단어보다 더 선호한다—이 가장 크고, 가장 잘 조직된 전국적인 운동 중 하나라는 점에 주목했다.[33] 훌륭한 웹 사이트 덕분에, 이들 만남[그

중 일부는 런던 무신론 협회(London Atheists)와 공동으로 열렸다]의 주제와 일자를 지금도 공개 게시판에서 확인할 수 있다.[34] 다음 페이지의 표1은 2003년 9월 첫 만남부터 가장 최근의 만남까지의 기본 정보를 잘 보여 준다.

    만남은 원래 매달 열렸고, 참석자 수는 조금 유동적이었다가 2006년과 2007년 초 몇 달간 안정을 찾았다. 이 기간은 가장 뜨거운 주목을 받았던 새로운 무신론의 두 저서, 도킨스의 「만들어진 신」과 히친스의 「신은 위대하지 않다」의 발간 시기와 거의 일치한다. (해리스나 데닛은 실제로 영국에서는 사람들의 관심을 크게 받지 못했다.) 해당 사이트는 당시 상황을 대략 짐작할 수 있게 해주는 몇 장의 사진과 당시 참석했던 사람들의 숫자를 포함해 각 만남의 내용을 제법 상세하게 기록하고 있다.

    2006년 12월 '크리스마스' 행사는 확실히 성황을 이루었다. 반면 영화 "다빈치 코드"(The Da Vinci Code)를 같이 관람하자는 2006년 5월 후속 초청에는 겨우 네 사람만 응했다. "영화를 보고 싶지 않으세요? 친절한 브라이트나 무신론자와 함께 영화를 보면 정말 재미있을 거예요." 이 초청을 마다한 사람들은 누구였을까?

    2007년 하반기부터 이들의 만남은 점점 뜸해졌다. 2005년에는 열 번의 만남이 열린 데 반해, 2008년에는 고작 두 번, 그리고 2009년에는 딱 한 번의 만남이, 그리고 2010년에는 한 번도 만남이 이뤄지지 않았다. 이 글을 쓰는 2010년 10월까지도 다음 만남 일정은 아직 잡히지 않았다. 이는 조직 내 어려움에서 기인한 것이기도 하지만, '브라이트' 개념이 참신

표1. 런던 브라이트 만남(2003-2010년)

날짜	참석 인원	날짜	참석 인원	날짜	참석 인원
2003년 9월	13	2005년 1월	15	2006년 5월	4
2003년 10월	취소	2005년 2월	20	2006년 6월	7
2003년 11월	17	2005년 3월	19	2006년 7월	30
2003년 12월	17	2005년 4월	19	2006년 8월	33
2004년 1월	취소	2005년 5월	15	2006년 8월	24
2004년 2월	취소	2005년 6월	16	2006년 10월	25
2004년 3월	22	2005년 7월	20	2006년 11월	31
2004년 4월	18	2005년 8월	11	2006년 12월	27
2004년 5월	취소	2005년 9월	12	2007년 3월	20
2004년 6월	15	2005년 10월	29	2007년 3월	10
2004년 7월	14	2005년 11월	취소	2007년 4월	18
2004년 8월	12	2006년 1월	20	2007년 10월	13
2004년 9월	4	2006년 2월	20	2008년 3월	12
2004년 10월	5	2006년 3월	17	2008년 7월	21
2004년 11월	14	2006년 4월	20	2009년 7월	10
2004년 12월	8	2006년 5월	6	2010년	-

(출처: 런던 브라이트)

함을 잃으면서 나타난, 이 운동에 대한 더 근본적인 관심과 열의를 상실한 것으로 볼 수도 있다.

하지만 표1에서 독자가 주목해야 할 특징은 만남에 참석한 사람들의 숫자다. '가장 규모가 큰' 런던 행사에 대한 울프의 2006년 논평에 의하면 당시 브라이트 청중은 런던의 가장 활발한 교회의 교인수와 비슷한 정도인 수백 또는 수천 명 정도였던 것처럼 들린다. 하지만 실제로 그 해에 열린 만남 중 최고로 많은 인원이 참석했고 만남 역사상 가장 큰 행사이기도 했던 모임은, 런던 무신론 협회와 채널 4가 "영국 내 브라이트"를 주제로 공동 주관해 방송했던 강사와의 만남이었다. 얼마나 많은 사람이 참석했을 것 같은가? 무려 서른세 명이었다. 자신들의 실세를 전국에 알릴 수 있는 절호의 기회였던 그 모임에 참석했던 인원이 고작 서른세 명이었던 것이다![35]

이 브라이트 만남이 자신들의 모임 중 가장 규모가 큰 모임이었다면, 나머지 모임의 규모가 어땠는지는 물어볼 필요도 없을 것이다. 이 모임이 만약 교회였다면, 이 정도의 빈약한 인원으로, 이 정도로 적게 모이는 교회는 분명 얼마 가지 못하고 문을 닫고 말 것이다. 이로 미뤄 보건대 무신론의 미래는, 도킨스가 생각하는 것만큼 그리 밝지(bright) 않은 것 같다. 아니면 이 숫자는, 새로운 무신론의 실제 힘이 순전히 온라인에 기반을 둔 커뮤니티에 있음을 보여 주는 것이거나 말이다. 분명한 것은, 새로운 무신론이 친밀한 관계로 서로의 실제 이름을 알고 있는 물리적 단체가 아니라, 자유로운 익명의 네티즌들을 중심으로 한 순전히 온라인상의 협회일 가능성이 높다는 것이다.

실제로 이 사실은, 브라이트라는 용어가 생각보다 그리 많은 사람들에게 알려지지 않았음을 보여 주는데, 그 이유를 우리는 어렵지 않게 찾을 수 있다. 2003년으로 거슬러 올라가 이 운동이 막 출범할 당시, 대니얼 데닛은 "뉴욕 타임즈"(*New York Times*)에서 다음과 같이 주장했다.

자신이 '브라이트'라고 말하는 것은 "허풍이 아니라 당당한 탐구적 세계관을 갖고 있다"는 뜻이라고 말이다. 하지만 다른 사람들의 생각은 그것과 사뭇 다르다. 다른 이들은 '브라이트'를 그것의 정반대말, 즉 '둔한', '명청한'으로 풀이되는 공격적 단어로 보통 인식하고 있다. '브라이트'라는 꼬리표를 사용함으로써 무신론자들은, 누구보다 똑똑하다는 주장이 널리 받아들여지기는커녕 엘리트주의적이고 거드름 피우는 사람들이라는 인식을 점차 얻고 있는 것이다.

미국 ABC 네트워크의 평론가이자 학자인 존 알렌 파울로스(John Allen Paulos)의 말처럼 "많은 사람들이 이 단어를 잘난 체하고, 거들먹거리고, 거만한 것으로 받아들이고 있음을 인식하는 데는 특별한 학위가 필요 없다."[36] 사실 이것이 얼마나 싫었던지 심지어 새로운 무신론 운동의 지도자 가운데 한 사람인 히친스조차 이 이름에 거부감을 가질 정도였다. 심지어 크리스토퍼 히친스는, "무신론자들이 허영심에 들떠 스스로를 '브라이트'라 불러 달라는 끔찍한 제안"을 한 도킨스와 데닛을 공개적으로 비난하기도 했다.[37] 이 문제에 있어서 나는 히친스가 왜 그렇게 느꼈는지 충분히 공감이 간다. 현명함의 근거는 이성의 특성 때문이지 결코 그 결과 때문이 아닌 것이다.

그렇기 때문에 새로운 무신론자들이 이 용어를 선택한 것은 홍보상의 대재앙이었다. 새로운 무신론을 이끄는 많은 대표자들이, 이런 이름이 엄청난 역효과를 가져올 것이라고 예상하지 못한 이유는 무엇일까? 이런 이름을 사용하면 도킨스와 데닛이 그토록 종교의 심각한 폐해라고 규정했던 그 마음의 태도를 만들어 낼 수 있음을 왜 전혀 예상하지 못했던 것일까?

이 질문에 대해 우리는 다음과 같은 답을 얻을 수 있을 것이다. 「만들어진 신」에서 도킨스는, 나사렛 예수의 가르침은 '내부자'와 '외부자'의 대립 구도를 부추긴다는 증거 불충분한 견해를 강력하게 피력했다.[38] 그의 이런 주장을 접한 많은 기독교 독자들은, 그가 왜 외부자를 적대시하는 행위를 비판하는 예수의 선한 사마리아인 비유에 대해서는 전혀 언급하지 않은지 매우 의아해했다. 그러나 예수를 사람들로 하여금 반목하게 만드는 근원으로 지목하려는 도킨스의 시도는 너무나 어처구니없음에도 불구하고, 그는 지속적으로 이 문제의 핵심에 대해 다음과 같이 분명한 입장을 표명한다. "종교란 내부자/외부자의 반감과 복수심에 붙은 꼬리표다. 이 꼬리표가 피부색이나 언어, 좋아하는 축구팀 같은 다른 꼬리표보다 더 나쁜 건 아니지만, 특별히 다른 꼬리표를 붙일 필요가 없을 때 이 종교라는 꼬리표는 자주 사용된다."[39]

그렇다면 도킨스와 데닛을 따라 자신들을 내부자로, 종교인들을 외부자로 구분하려는 브라이트를 우리는 어떻게 봐야 할까? 그들의 이런 생각은 사회적 차별과 적대감을 예방할 수 있게 하는가? 그렇지 않다. 이러한 태도는 문제를 해결하기는커녕 문제를 지속적으로 불러일으키는 "내부자/외부자라는 또 다른 꼬리표"에 불과할 뿐이다.

다음 문제로 넘어가면서

우리는 새로운 무신론의 두드러진 특징들 가운데 몇 가지를 간단히 살펴보았는데, 그 중 가장 눈에 띄는 것은 종교에 대한 그들의 근본적인 적대감이었다. 그렇다면 이런 적대감 저변에 흐르는 사상은 무엇인가? 다음 장부터 우리는 이 운동의 결정적 요소가 된 세 가지 주요 주제를 살펴볼 것이다. 종교 폭력에 대한 비판(3장)과 합리적 신념의 토대로서의 이성과(4장) 과학(5장)에 대한 집착이 그것이다. 그러면 먼저 종교와 폭력에 관한 문제를 다뤄 보자.

주

1) Gary Wolf, 'The Church of the Non-Believers'. *Wired*, November 2006: <http://www.wired.com/wired/archive/14.11/atheism_pr.html>
2) 이런 다양성을 보여 주는 최근의 예들은 모두 새로운 무신론이 등장한 이후에 발간되었다. Steve Antinoff, *Spiritual Atheism*. Berkeley, CA: Counterpoint Press, 2010; Andrè Comte-Sponville, *The Little Book of Atheist Spirituality*. New York: Viking, 2009; J. Angelo Corlett, *The Errors of Atheism*. London: Continuum, 2010를 보라.
3) Carlo Maria Martini and Umberto Eco, *Belief or Nonbelief?*. New York: Arcade Publications, 2001. 「무엇을 믿을 것인가」(열린책들).
4) 이 문제에 관한 고전적 연구가 E. Digby Baltzell, *The Protestant Establishment: Aristocracy and Caste in America*. New Haven, CT: Yale University Press, 1987에 담겨 있다. 손꼽히는 새로운 무신론자들의 남성성에 대한 페미니즘의 견해에 대해서는 Tina Beattie, *The New Atheists: The Twilight of Reason and the War on Religion*. London: Darton, Longman & Todd, 2007를 보라. 흔히 지적되듯이 아프리카계 미국인 무신론자의 수는 놀랄 만큼 적다.
5) Christopher Hitchens, *Letters to a Young Contrarian*. New York: Basic Books, 2001, p. 55.

6) Greg M. Epstein, 'Less Anti-theism, More Humanism'. *Washington Post*, 1 October 2007.
7) 2009년 10월 30일, Christopher Hitchens가 Dennis Miller와 나눈 대화. 히친스의 사과에 대해서는 <http://current.com/shows/upstream/91393992_atheist-christopher-hitchens-apologizes-for-mother-teresa-insult.htm>를 보라. 그의 이전 비판은 Christopher Hitchens, *The Missionary Position: Mother Teresa in Theory and Practice*. London: Verso, 1995. 「자비를 팔다」(모멘토).
8) Christopher Hitchens에 대한 Ian Parker의 소개글에서. 'He knew he was right,' *New Yorker*, 16 October 2006.
9) <http://richarddawkins.net/>
10) 2010년 5월 통계.
11) 이 설문 조사는 미국 전역에서 무작위로 고른 1648명의 성인을 토대로 한 것이며, Baylor Institute for Studies of Religion이 기획하고, 갤럽 조사 기구가 실행했다. 자세한 내용은 Rodney Stark, *What Americans Really Believe: New Findings from Baylor Surveys of Religion*. Waco, TX: Baylor University Press, 2008를 보라.

12) 예를 들어 '종교가 없다'고 답한 미국인 대다수가 기도하고, 그 중에서도 상당히 많은 수(32퍼센트)는 '자주' 기도한다.
13) 예를 들어, Alvin L. Reid, *Radically Unchurched: Who They Are and How to Reach Them*. Grand Rapids, MI: Kregel, 2002: Thom S. Rainer, *The Unchurched Next Door*. Grand Rapids, MI: Zondervan, 2003를 보라.
14) <http://friendlyatheist.com/2010/02/03/how-many-copies-of-the-god-delusion-have-been-sold/>
15) Bruce DeSilva, 'Pundit Christopher Hitchens picks a fight in book, "God is Not Great"'. *Rutland Herald*[Vermont], 25 April 2007.
16) Julian Baggini, *A Short Introduction to Atheism*. Oxford: Oxford University Press, 2003. 이 책은 새로운 무신론 현상이 등장하기 전에 출간되었다.
17) Julian Baggini, 'Nyateismen virker mot sin hensikt'. *Fri Tanke* 2009/1 (March 2009), pp. 42-43.
18) 이 글의 영어 본문은 <http://www.fritanke.no/ENGLISH/2009/The_new_atheist_movement_is_destructive/>를 보라.
19) <http://julianbaggini.blogspot.com/2009/03/new-atheist-movement-is-destructive.html>

20) 여기서 바지니는 1장에서 다룬 새로운 무신론의 고전적 두 작품의 제목을 넌지시 암시한다. Richard Dawkins, *The God Delusion*. London: Bantam, 2006과 Daniel C. Dennet, *Breaking the Spell: Religion as a Natural Phenomenon*. New York: Viking Penguin, 2006.
21) 비슷한 접근법이 Graham R. Oppy, *Arguing About Gods*. Cambridge: Cambridge University Press, 2006에 나온다. Oppy의 주장은 무신론이든 유신론이든 합리성 측면에서 결정적 설득력을 갖고 있지 않지만, 둘 다 합리적이라는 것이다.
22) <http://realityismyreligion.wordpress.com/2010/02/23/locked-entry-will-open-soon/>
23) 이 포스팅은 그 뒤 도킨스 웹 사이트에서 사라졌다. <http://heathen-hub.com/blog.php?b=254> 같은 사이트에서 이 사건에 대한 다른 사람들의 견해와 함께 이 포스팅을 볼 수 있다.
24) 예컨대 <http://realityismyreligion.wordpress.com/2010/02/23/locked-entry-will-open-soon/#comment-89>의 댓글을 보라.
25) 웹의 익명성과 관련된 여러 쟁점에 대해서는 Judith S. Donath, 'Identity and Deception in the Virtual Community', in Marc A. Smith and Peter Kollock(eds),

Communities in Cyberspace. London: Routledge, 1999, pp. 25-29를 보라.
26) <http://www.courthousenews.com/2010/10/22/31283.htm>. 논평에 대해서는 <http://www.independent.co.uk/news/world/americas/an-ungodly-row-at-the-dawkins-foundation-2115632.html>를 보라.
27) <http://joshtimonen.com/post/1387207318/the-ultimate-betrayal>
28) Graeme Turner, Understanding Celebrity. London: Sage, 2004를 보라.
29) <http://www.zazzle.co.uk/what_would_dawkins_do_tshirt-235812038105228356>. 이 3호는 대중적인 기독교 구호 "예수님이라면 어떻게 할 것인가?"를 패러디한 것이다.
30) <http://smashingtelly.com/2008/06/19/the-four-horsemen-dennet-dawkins-harris-hitchens/>
31) <http://news.independentminds.livejournal.com/3760686.html>. 2010년 6월 21일에 보고 저장함. 그 뒤 이 페이지는 삭제되었다.
32) Daniel C. Dennett. 'The Bright Stuff'. *New York Times*, 12 July 2003; Richard Dawkins, 'The Future Looks Bright'. *The Guardian*, 21 June 2003.
33) Gary Wolf, 'The Church of the Non-Believers'. *Wired*, 2006. <http://

www.wired.com/wired/archive/14.11/atheism_pr.html>

34) <http://www.meetup.com/London-Brights/calendar/past_list/>

35) London Brights와 가끔 연합 만남을 가졌던 London Atheists는 계속 활동 중이다. 그들의 웹 사이트는 최근 만남에 12-20명 정도가 계속 참석하고 있음을 알려 준다. 2006-2007년의 절정기보다는 상당히 저조하다. <http://www.meetup.com/London-Atheist/>를 보라.

36) Chris Mooney, 'Not too "bright": Richard Dawkins and Daniel Dennet are smart guys, but their campaign to rename religious unbelievers "Brights" could use some rethinking'.2) *Skeptical Inquirer*, March-April 2004.

37) Christopher Hitchens, *God Is Not Great: How Religion Poisons Everything*. New York: Twelve, 2007, p. 5.

38) Dawkins, *God Delusion*, p. 257.

39) Dawkins, *God Delusion*, p. 259.

2부
새로운 무신론의 주장들

3. 종교는 폭력적이다

1932년, 당시 요크 대주교였다가 나중에 캔터베리 대주교로 임명된 윌리엄 템플(William Temple)은 글래스고 대학교에서 종교라는 주제로 일련의 강연을 했다. 강연에서의 그의 어조는 매우 단호했다. 종교가 인류에게 선보다는 해악을 더 많이 저질렀으며, '부패한 종교'는 오늘날 인류가 직면한 가장 심각한 문제일 뿐 아니라 최대의 적이라는 것이 그의 주장이었다. "성숙한 종교는 제일 먼저 규탄해야 할 대상이 부패한 종교임을 잘 안다. 부패한 종교는 종교가 없는 것과 전혀 다른 것으로 그것보다 훨씬 나쁜 것이다."[1]

분명 종교는 잘못될 수 있고, 그럴 경우 마땅히 비판받고 변화를 받아야 한다. 윌리엄 템플은 이스라엘 예언자들과 나사렛 예수를 당대의 종교 관행에 의문을 제기한 개혁자들이었다고 주장한다. 이처럼 우리 또한 새로운 무신론자들의 종교에 대한 비판을 오늘날 어디에서 개혁이 일어나야 하는지를 알려 주는 유용한 나침반으로 여겨야 한다. 하지만 새로운 무신론자들은, 종교가 잘못될 수도 있다는 개연성을 넘어, 종교 자체가 필연적으로 잘못되었다고 주장한다. 그들의 토론의 결론과 그들의 유일한 해결책은 단 하나, 종교를 제거하는 것뿐이다.

종교는 모든 것을 망치는가?

"종교는 모든 것을 망친다"는 생각이 새로운 무신론 안에 깊숙하게 박혀 있다. 종교는 "모든 악의 뿌리"다. 종교는 본질적으로, 그리고 필연적으로 위험하다. 샘 해리스는, 종교가 선천적으로 폭력을 양산하는 성향을 갖고 있다는 자신의 주장을 입증하기 위해, 성경이나 코란 같은 주요 경전을 대단히 독단적이고 자의적인 방식으로 해석한다. 이 인상적 구호 안에 이슬람 광신도에 의한 9/11 테러 직후 서구 문화 속에 자리 잡은 일부 지식 인사들의 우려가 깊이 공명하고 있음은 사실이지만, 현실에 대한 완전하고 광범위한 포착은 담겨 있지 않다. 일부 종교가 부패하고, 비이성적이며, 위험하다는 사실에는 누구나 동의한다. 하지만 그런 종교를 차별하는 것과 종교 자체를 반대하는 것은 성숙이라는 차원에서 전혀 다른 문제인 것이다.

    이것이 새로운 무신론자들과의 공개 토론에서 학문적 연구 성과물을 제시하면, 종교가 광신으로 이어질 수밖에 없다고 믿는 새로운 무신론자들이 종교가 본질적으로 악한 것이 아님을 마지못해 수긍하는 이유다.

    분명 이것은 정당한 우려이기에 우리는 이 문제를 조금 더 상세히 다룰 필요가 있다. 하지만 그러기에 앞서 우리는, 새로운 무신론자들이 '종교'를 분명하게 정의하지 못하는 문제를 먼저 처리해야 한다. 앞으로 살펴보겠지만 이를 통해 우리는, 그들이 이 부분에서 왜 실패했는지를 충분히 이해하게 될 것이기 때문이다.

'종교'에 대한 잘못된 일반화

지적해야 할 첫 번째 핵심은 단순하다. 곧 '종교'를 잘못 일반화한 것이다. 개별 종교는 분명 존재한다. 즉 보편적 범주가 아닌 정치적이고 사회적인 약칭의 한 형태로서 개별 종교는 분명 존재한다. 그러면 새로운 무신론자들의 이런 오해는 어디에서 비롯된 것일까? 17-19세기 식민지 팽창 시대에 많은 유럽인들은 자신들의 세계관과는 다른 세계관들을 접했고, 그것들에 종교라는 이름표를 붙였다. 사실 이것들 가운데―예를 들어 인생철학으로 간주하는 게 훨씬 더 나은 유교 같은―상당수는 분명 비신론적(non-theistic)이거나 무신론적이었다. 하지만 소위 종교라는 보편적 관념에 대한 18세기 계몽주의 신념은 그 모든 것들을 하나의 틀 안에 집어넣어 버렸다.

종교에 대한 개념 안에 그 정의를 제안하는 이들의 의도와 편견이 너무나 깊숙이 반영되어 있다는 인식이 점점 더 키지고 있다(사실 종교적 정의에 대한 학문적 합의는 아직까지 내려지지 않았다).[2] 종교의 조금 더 순전한 형태의 다원주의는, 모든 종교가 동일한 신적 실재에 대해 동일하게 타당한 반응을 보인다고 주장한다. 그리고 이보다 더 순전한 형태의 새로운 무신론은, 모든 종교가 허구인 비실재에 대해 동일하게 부당하고 왜곡된 반응을 보인다고 주장한다(크리스토퍼 히친스의 표현으로는 "모든 종교는 동일한 비진리의 변형이다"[3]). 하지만 이런 엄밀하지도 정확하지도 않은 종교 개념은 신을 믿는 사람들만이 아니라, 광범위한 신념과 가치관 모두를 포함하는 굉장히 포괄적인 개념일 뿐이다.

종교와 영성

일부 종교 전통, 예컨대 불교처럼 신이라는 개념을 갖고 있지 않은 종교가 있기 때문에, 우리는 '종교'란 '신에 대한 믿음'과 다른 것이라고 말할 수 있다. 종교에 대한 이런 엄밀한 구분은 새로운 무신론자들의 종교 비판의 위력을 매우 약화시키며, 또한 기독교와 유대교, 이슬람교 같은 신을 믿는 종교에 대해 독설을 퍼붓는 샘 해리스가 왜 동양 종교(그리고 그것의 서구화된 변형)에 대해서는 상대적으로 유연한 자세를 보이는지를 잘 설명해 준다. 종교는 나쁘지만 영성은 좋다는 이런 해리스의 입장은 그의 '불건전성'에 대한 암울하고 불길한 암시와 함께 상당한 우려를 새로운 무신론 커뮤니티 안에 불러일으켰다. 해리스는 진짜 신자인가? 아니면 그는 시류를 좇는 유약한 합리주의자일 뿐인가?

힌두교 신자였다가 무신론자가 된 인도 학자 미라 난다(Meera Nanda)는 2006년 "새로운 휴머니스트"(*New Humanist*)에 실은 한 기사에서, 해리스는 새로운 무신론 안의 위험한 흐름, 곧 무신론자들이 맹신으로 기우는 경향이 있음을 정확히 보여 주는 본보기라고 주장했다. 그녀는 많은 무신론자들이 신에 대한 믿음을 버린 뒤 아무것도 안 믿는 것이 아니라 아무것이나 믿기 시작했다고 주장했다.[4] 난다는, 해리스가 "아브라함계 종교는 인류와 자연에 대한 폭력을 부추기는 반면에, 동양 종교의 영성은 피조물들과의 평화와 조화를 증진시킨다는 대중적인 견해를 무비판적으로 수용한다"는 점에 주목하며, 다른 종교 전통에 적용하는 비판에서 자신을 제외시키는 해리스의 종교적 신념이 여기에도 반영되어 있다고 날카롭게 지적한다.

난다가 보기에, 해리스는 합리주의와 과학이라는 연막 뒤에 몸을 숨기고 있는 은밀한 종교 신자일 뿐이다. "해리스가 그토록 비호하는 신비 신앙은, 그가 그토록 집요하게 공격하는 종교적 신앙만큼이나 모든 면에서 과학이나 실험, 증명하고는 거리가 한참 멀다." 유신론 종교에 대한 해리스의 비판은 "자신이 신봉하는 족첸 불교(Dzogchen Buddhist)와 비이원론적(Advaita Vedantic) 힌두교 영성"을 지지하려는 토대에 불과한 것이다.

> 영성은 이슬람교와 기독교라는 미신과 벌이고 있는 전쟁에 대한 해결책이다. 영성은 우리의 영혼에 유익할 뿐 아니라, 우리의 지성에도 유익하다. 영성은 우리를 '행복하고, 평안하고, 심지어 현명하게' 만들어 줄 것이다.[5]

종교와 영성의 구별은 실제로 해리스의 제안보다 훨씬 더 복잡하다. 그뿐 아니라 많은 학자들이 주장하는 바와 같이, 영성이란 기본적으로 개인을 중심으로 한 개별화된 종교다.[6] 그렇다면 종교의 문제는 정확히 무엇인가? 분명한 것은, 종교의 문제는 그것이 비과학적이거나 비실험적, 비증명적이라는 데 있지 않다는 것이다. 오히려 영성이 개인적 현상이고, 종교는 제도적이고 사회적인 현상이라는 것이 종교의 문제다. 물론, 이와 같이 세밀하고 진지한 학문적 접근은 구호와 선동을 특징으로 하는 해리스의 논쟁 스타일과는 전혀 어울리지 않는다. 반면에 종교 문제를 제대로 이해하려 하고 진지하게 대하는 사람들에게 이런 학문적 분석은 근본적으로 중요한 문제다.

종교와 세계관

'새로운 무신론자들이' 철저하게 실패했던 종교와 영성의 구별도 중요하지만, 이 문제를 넘어 종교와 세계관을 구별하는 것 또한 무척 중요하다. 기독교 같은 종교와 마르크스주의 같은 세속적 세계관은 모두 그를 따르는 이들에게 충성을 요구한다. 사실 가장 성공적인 세계관은 겉으로는 세속성을 근본으로 하고 있는 것처럼 보여도, 종교성을 근본으로 하고 있다. 실제로 과거 소련은 자신들의 세속적인 사건을 기념하기 위해 유사 종교 의식을 사용했다.[7]

정확한 종교 정의가 없다는 사실을 바르게 주목한 역사학자 마틴 마티(Martin Marty)는, 자신이 발견한 종교 고유의 '특성'을 다음과 같이 다섯 가지로 기술하며 종교를 정의한다. 첫째, 종교는 '궁극적 관심'에 초

점을 맞춘다. 둘째, 종교는 공동체를 세운다. 셋째, 종교는 신화와 상징에 호소한다. 넷째, 종교는 제의와 예식을 통해 강화한다. 다섯째, 종교는 추종자에게 특정 행동을 요구한다. 그러면서 마티는 이와 같은 종교의 다섯 가지 특징이 정치 운동의 특성이기도 하다는 점을 지적한다.[8] 이를 근거로 볼 때 종교가 이런 이유들로 인해 위험하다면, 우리는 동일하게 정치도 이런 이유들로 인해 위험하다고 주장해야 한다. 종종 지적되었듯이—최근에는 이탈리아 역사학자 에밀리오 젠틸레(Emilio Gentile)가 그랬듯이—정치 자체가 궁극적 중요성을 지닌다고 이해할 경우, 정치는 언제든지 종교로 변질되고 만다.[9] 종교 광신자가 있을 수 있듯이(또 실제로 있듯이), 정치 광신자도 있을 수 있다(또 실제로 있다). 문제는 광신이지 종교 자체가 아니다. 실제로 종교에 대한 새로운 무신론자들의 위협적이고 공격적인 주장은, 광신이 종교를 추종하는 사람들에게만 국한된 것이 아님을 우리로 하여금 깨닫게 한다.

물론 새로운 무신론자들은, 종교적 세계관이 다른 것과는 비교할 수 없을 정도로 폭력의 동기를 제공한다고 주장한다. 해리스와 히친스의 시각에서 종교적 신념은 곧장 자살 테러로 이어지고 만다. 하지만 이를 입증할 증거가 어디에 있는가? 새로운 무신론자들은 왜 사람들이 그런 행동을 하는지에 관한 수많은 실증적 연구들에 대해서는 언급하지 않는가?[10] 혹시 그들은 그런 연구 성과들이 자신들이 선호하는 결론을 지지하지 않는다는 것을 알고 있는 것은 아닌가? 바로 이 점이, 실제로 도킨스가 자신의 책 「만들어진 신」에서 종교가 그런 행동을 하게 만든 여러 요인 가운데 하나일 수도 있다고 한 발짝 물러난 이유다.

시카고 대학교 정치 과학 교수 로버트 페이프(Robert Pape)는 1980년 이후 알려진 모든 자살 폭탄 테러에 대한 면밀한 조사를 기초로, 2005년 자살 테러의 동기에 관한 최종 연구 결과를 발표했다.[11] 그의 연구 결과에 따르면, 종교적 신념은 자살 폭탄 테러를 만들어 내는 필요조건도, 충분조건도 아니다. "자살 테러와 이슬람 근본주의 사이에, 아니 세상의 그 어떤 종교 사이에도 연관성은 찾아볼 수 없다." 오히려 페이프의 분석은, 자살 폭탄 테러의 근본 동기가 정치적인 것이었음을 알려 준다. 즉 동원할 수 있는 자신들의 군사적 자원이 극히 제한된 억압받는 사람들이 자신들의 영토를 점령하고 있는 외국 군대를 철수시키고자 하는 마음으로 그런 행동을 한 주요 동기였다고 말이다. 이러한 그의 연구는 미국의 대외 정책, 특히 중동과 코카서스 지역에서의 대외 정책에 관한 여러 근본적 전제에 의문을 제기하는 매우 획기적인 연구로 평가받았다. 물론 이 연구가 종교와 테러의 관계에 대한 더 광범위하고 중요한 함의를 우리에게 주고 있음은 말할 것도 없다.

이 문제에 관해 또 하나의 중요한 연구가 인류학적 관점에서 제시되었다. 미시건 대학교의 스콧 아트란은, 자살 폭탄 테러를 중지시키는 방법은 종교를 조롱하거나 비하하는 것이 아니라, 종교적 온건파를 적절히 지원하는 것이라고 주장했다.[12]

종교학자 리처드 웬츠(Richard Wentz)도 자신의 책 「왜 사람들은 종교라는 이름으로 악을 행하는가?」(*Why People Do Bad Things in the*

Name of Religion)에서, 종교 문제의 핵심에 절대주의(특정 행동이 절대적으로 옳거나 틀렸다는 윤리적 입장)가 자리하고 있음을 지적한다.[13] 이는 사회학자 알베르토 토스카노(Alberto Toscano)가 최근 광신에 관한 역사 분석에서 내세운 견해와 정확히 일치하는 대목이다.[14] 토스카노는, 종교만이 광신을 만들어 내는 것은 아니며, 정치와 이데올로기도 그랬고, 지금도 계속해서 그러고 있다고 주장한다. 그는 광신과 합리성의 갈등이 편협한 관심사에 사로잡힌 권력 집단에 의해 어떻게 형성되었는지를 매우 분명히 보여 주었다. 18세기 계몽주의라는 '광신'에 대한 그의 분석은, 해리스나 히친스처럼 계몽주의로 회귀하는 것이 인류의 최대 희망이라고 순진하게 믿는 이들을 불편하게 만드는 매우 분명한 문헌 자료다.

기독교와 비폭력

종교 폭력에 대한 모든 논의는, 기독교가 폭력에 저항하는 탁월한 근거를 제시한다는 불편한 진실을 반드시 짚고 넘어가야 한다. 기독교인들은, 하나님의 속성이 나사렛 예수 안에서 드러났기 때문에[15] 예수의 가르침과 행동이 하나님의 성품과 뜻을 계시한다고 믿는다. 이런 이유로 예수가 몸소 자신의 가르침과 행동에서 줄곧 폭력을 반대해 왔음을 보여 주었다는 점은 이 문제에 있어서 매우 중요한 대목이다.[16] 예수가 폭력의 주체가 아니라 폭력을 당하는 대상이었던 것처럼, 기독교인들은 폭력에 폭력으로, 분노에 분노로 맞서지 않고, 오히려 "다른 쪽 뺨을 대고", "해가

질 때까지 분을 품지 말아야" 한다는 가르침을 따르려고 한다. 물론 많은 기독교인들이 이렇게 행하지 않고 있음은 분명한 사실이다. 하지만 이는 그들이 좋은 기독교인이 아니라는 사실을 보여 주는 것으로 해석되는 것이 가장 자연스러운 해석일 것이다.

기독교는 언제나 끊임없이 개혁할 것을 요구받고 있다. 기독교 교회와 단체는 과거에 자신들이 폭력을 사용했거나 그것을 묵인한 것에 대한 비판을 겸허히 수용하고, 예수의 핵심 사상과 가치 위에서 자신을 끊임없이 성찰해 보아야 하는 것이다. 이와 같은 기독교 신앙에 입각해 평화의 정신을 실천했던 감동적인 본보기 중 하나가 바로 마틴 루터 킹이 주도했던 인권 운동 저변에 흐르는 비폭력 정신이다.

기독교의 비폭력 정신의 또 다른 예를 우리는 오늘날에도 찾아볼 수 있는데, 그 대표적인 예가 바로 2006년 10월 발생한 아미쉬 학교 총기 사건이다. 총기를 소지한 한 남자가 펜실베이니아 주 니켈 광산 마을에 위치한 아미쉬 학교에 난입해 여러 명의 학생들을 향해 총을 난사했다. 이 사고로 어린 소녀 다섯 명이 생명을 잃었고, 그 피의자 또한 신에 대한 "엄청난 증오심"을 밝힌 유언장을 남기고 현장에서 스스로 목숨을 끊었다.

자신들의 윤리적 삶을 나사렛 예수의 인격과 가르침이라는 절대적인 권위 아래 두고 살았던 탓에 어떤 형태의 폭력도 일체 거부했던 보수적 개신교 종파였던 아미쉬는, 신에 대한 증오로 가득했던 그 피의자가 평화로운 작은 공동체의 자신들에게 가했던 잔인한 폭력을 용서하기로 결정했다. 오직 용서를 베푸는 것 외에 어떤 폭력도, 어떤 복수도 있어서는 안

된다는 것이 그들의 생각이었다.[17] 피의자의 미망인은 고마운 마음을 담아 이들의 용서가 자신과 세 자녀에게 "너무나도 절실했던" "치유"를 어떻게 가져다주었는지 그들에게 전해 주었다. 이렇게 폭력의 악순환이 끊어졌다.

고결함과 신성함이 깃들어 있는 이 비극적 이야기는 예수의 윤리를 좇아 살아가야 하는 오늘날 교회에 도전을 주고, 또한 종교가 본질상 폭력적이라는 새로운 무신론의 비판이 전혀 타당하지 않다는 더 큰 도전을 제기한다. 나사렛 예수는 새로운 무신론자들의 비평적 틀에 결코 들어맞지 않는다. 물론 기독교 또한 그렇지 않아야 한다.

종교에 대한 무신론자들의 폭력

이제는 새로운 무신론자들이 자신들의 주장에서 은근슬쩍 넘어간 또 다른 주제를 다뤄 보자. 종교에 가한 그들의 폭력에 관한 문제가 바로 그것이다. 북아일랜드에서 태어나고 자란 나는, 종교가 어떻게 폭력을 양산해 내는지 누구보다 잘 알고 있다. 하지만 이 문제는 종교에만 국한된 것은 아니다. 배타적 거대 담론(지배적 서사)의 기반 위에 세워진 세계관 모두가 동일하게 적대감을 부추길 가능성을 안고 있는 것이다.

20세기 역사는 우리로 하여금 정치적 극단주의가 분명 폭력을 야기할 수 있다는 무서운 현실을 인식하게 해주었고, (그러한 사건들을 일부러 외면하지 않으려 한다면) 실제로 정치적 극단주의는 암울한 기록을 만들어 냈다. 이렇게 많은 세속적 이데올로기와 거대 담론, 그리고 진보라는 비전의 이름으로 그토록 많은 사람들이 학살된 일은 인류 역사상 없었다. 그런데 이 모든 것 뒤에 나치즘의 거짓된 우상숭배나 스탈린주의의 무신론, 탈종교적 세속 이데올로기가 자리하고 있다. 18세기 계몽주의가 종교와 신정 통치의 독재로부터 서구 사회를 해방시켰다고 한다면 (새로운 무신론자들의 변증에 있어 표준적인 요소), 20세기는 무신론적 대안 사회의 폭력과 잔혹성이 신을 두려워하는 사회의 폭력과 잔혹성에 결코 뒤지지 않는다는 사실을 분명히 보여 주었다.

포스트모던이 그런 거대 담론에 그렇듯 비판적인 이유가 바로 이 때문이다. 이런 지배적 서사를 거부하는 것 자체가 모순을 야기하는 것처럼 보여 논란이 많기는 하지만 장 프랑소와 리오타르(Jean-Francois Lyotard) 같은 포스트모던주의자들은, 지배적 서사가 근본적으로 억압과 배제, 폭력을 야기할 소지가 다분하기 때문에 그것을 원칙적으로 거부해야 마땅하다고 주장한다. 물론 기독교가 폭력을 야기할 수 있다는 점은 자명하다. 그러나 마르크스주의가 그랬던 것처럼 새로운 무신론 또한 동일하게 그럴 수 있다. 왜냐하면 바로 새로운 무신론의 거대 담론이 —종교 제거를 위한 논의 다음에—종교적 대안으로 그 자리를 내신하려고 구상되었기 때문이다.

반종교적 거대 담론이 국가 체제 안에 깊이 박혀 있던 구 소련은 공식적인 세계 최초의 무신론 국가였다.[18] 소련을 건국한 V. I. 레닌은, 1917년 10월 볼셰비키 혁명이 있기 오래전부터 종교를 지적·문화적·물리적으로 제거하는 것이 사회주의 혁명의 핵심이라고 간주했고, 무신론을 자신의 이데올로기의 핵심 요소로 천명했다. 러시아에서 혁명이 어떻게 전개되어야 하는지를 규정하며 레닌은 다음과 같이 주장했다. "우리의 선전에는 무신론을 선전하는 것이 반드시 포함되어야 한다."[19] 레닌은 논증으로 사람들을 설득시키기 위해서는 "18세기 프랑스 계몽주의와 무신론의 문헌들을 번역해 널리 전파해야" 한다고 주장했다.

그렇지만 레닌은 무신론의 제도화가 혁명 강령의 핵심에 있다는 데 이목이 집중되는 것은 꺼렸다. 사람들이 자신의 목적을 받아들이는 데 있어서 그것에 뒤따르는 함의를 우려했기 때문이다. "우리는 우리 강령에 무신론을 명시하지 않아야 하고, 또 그럴 필요도 없다." 왜 그런가? 왜냐하면 레닌은 정치적 수단으로 종교인들을 회유하길 바랐기 때문이다.

볼셰비키 혁명은 레닌에게 자신의 정치적·종교적 목표를 실천에 옮길 절호의 기회였다. 그러나 사회·정치적 변화 이후에도 종교적 신념이 눈에 띄게 그리고 완전히 사라지지 않자 그는, 결국 '장기적인 폭력 사용'을 통해 종교를 제거할 방안을 마련했다. 이 인류 역사의 암흑 시기에 벌어진 가장 엄청난 비극 가운데 하나는, 폭력과 억압으로 신앙을 제거하려고 했던 이들이 그런 자신들의 행동을 정당하다고 믿었다는 사실이다.[20] 그들에게 국가보다 더 높은 권위에 대한 책임 의식 같은 것은 전혀 없었다.

이 무신론자들의 거룩한 전쟁에 가담한 핵심 인물들은 대부분 "전투적 무신론 연맹" 소속이었다. 이 모임은 1925년부터 1947년까지 구 소련에서 활약한 온갖 정치 세력의 비공식적 연합 단체였다.[21] "종교에 대항한 투쟁은 사회주의를 위한 투쟁이다"라는 구호를 내걸고 이 단체는 사회적·문화적·지적 조작을 통한 종교의 신뢰성 파괴를 목표로 출범했다. 철저히 조직화된 이들의 캠페인은, 종교적 신념과 관행이 얼마나 비합리적이고 파괴적인지를 구 소련 국민들에게 납득시키기 위해 신문과 잡지, 강의, 영화 등의 매체를 적극 이용해 건전한 국민이라면 과학적 무신론 세계관을 수용해야 한다고 강하게 설득했다.

이 시기 교회는 문을 닫거나 파괴되었고, 수많은 교회들이 폭파당했다. 또 사제들은 투옥되거나 추방되거나, 처형당했다. 혁명 전 66,140명에 달했던 러시아 정교회 사제는 제2차 세계대전 직전 6,376명 정도만 남았고, 1938년 2월 17일에는 사제 55명이 한꺼번에 처형당하기도 했다. 이렇게 1917년에 39,530개였던 교회는 1940년 불과 23년만에 950개 정도만 남게 되었다.

잔악무도한 이 역사에 대한 새로운 무신론자들의 반응은 매우 실망스럽다. 그들은 자신들의 입장을 대체로 다음과 같이 표명한다. 스탈린이 사악한 무신론 폭력배였던 것은 사실이지만, 그는 어쩌다가 무신론자가 된 악랄한 폭력배였을 뿐이다. 게다가 그를 그런 폭력배로 만든 것은 종교 교육이었다. 무엇보다 이 무신론 국가는 사실 전혀 무신론적이지 않았다! 크리스토퍼 히친스는 구 소련이 실제로는 종교적인 체제였으며, 그렇기 때문에 그렇게 부도덕과 폭력이 난무했던 것이라고 설명한다. 공산주의가 종교가 되자 모든 일이 끔찍해졌다고 말이다.[22]

확신에 찬 히친스의 선언 저변에 흐르는 빈약한 사고 과정을 정확하게 분별하기란 쉽지 않다. 그러나 그의 사고 과정은 대체로 다음과 같은 식의 전제를 깔고 전개되는 듯하다.

대전제: 종교는 악하고 폭력적이다.
소전제: 구 소련은 악하고 폭력적이었다.
결론: 따라서 구 소련은 종교적이었다.

우리는 여기서 허구("모든 종교는 악하다")에서 출발해 말도 안 되는 환상("모든 악은 종교적이다")에 이르고, 종교가 본질적으로 폭력적이고 악하다는 이데올로기적 틀에 모든 것을 꿰어 맞추는 히친스의 완고한 신념을 목도하게 된다.[23] 히친스는 구 소련 시절(특히 1925년부터 1947년까지)에 행해진 종교 탄압과 관련된 충분히 입수할 수 있는 최근의 핵심적인 문헌들은 다룰 생각이 없을 뿐 아니라, 이런 사실들이 문제투성이인 자신의 역사 이해에 어떤 의미를 주는지 전혀 인식하려 하지 않는다.

구 소련 같은 국가적 무신론에 대해 비판하지 않는 새로운 무신론적 구경꾼이 히친스 혼자만은 아니다. 리처드 도킨스는 무신론이 사람들에게 악한 일을 하도록 구조적으로 영향을 미쳤다는 "증거는 눈곱만큼도 없으며,"[24] 또 "사르트르나 요크민스터, 혹은 노트르담 사원 같은 종교 성지를 폭력으로 진압할 무신론자는 세상에 존재하지 않는다"라고 장담한다.[25] 하지만 안타깝게도 이런 순진한 생각은, 사건의 실재가 아니라 자신의 맹신을 보여 줄 뿐이다. 도킨스가 무엇을 믿느냐는 중요하지 않다. 사실은 스스로 말하는 법이기 때문이다. 1925년 이후 "전투적 무신론 연맹"은 엄청난 가치를 지닌 문화재를 포함해 수많은 교회를 불 지르고 폭파할 것을 사람들에게 촉구했다. 구시대적 종교의 잔재는 모두 사라질 운명에 처해 있었고, 모스크바는 과거가 아니라 미래를 내다보는 "최첨단 철의 도시"가 될 것이었다.[26]

이와 유사한 분노를 우리는 ('동독'으로 더 잘 알려진) 독일민주공화국의 전후 역사에서도 찾아볼 수 있다. 1240년에 완성되어 위대한 건축물로 손꼽혔던 라이프치히의 성 바울 대학교회가 1968년 5월에 폭파되었다.[27] 새로운 '칼 마르크스 광장'에 신의 상징을 두어 불쾌함을 불러일으킬 이유가 없었기 때문이다. (지금 이 광장은 1990년 음산하고 가련한 마르크스주의 국가가 몰락한 후 '아우구스티누스 광장'으로 개명되었다. 사실 동독이야말로 일부 새로운 무신론자들이 지적인 미덕으로 간주하는 엄격한 교조적 무신론의 구현이었다.) 다행히 이 교회는 대중의 요구에 부응하여 2009년에 다시 건축되었다.

도킨스는 무신론의 어두운 면을 너무나 쉽게 부인하는 경향이 있기에, 우리는 그를 믿을 만한 종교 비판자로 간주하기 어렵다. 그가 내세우고 표방하는 바, 엄정한 증거에 입각한 추론을 그의 분석 어디에서 찾아볼 수 없기 때문이다. 도킨스는 무신론의 보편적 유익을 열렬하고, 경건하고, 무비판적으로 믿는 나머지 자기 자신은 비판적 검토 과정을 거치려고 하지 않는다.

세속적 이상과 폭력

몇몇 새로운 무신론자들이 중요하게 제기하는 주장이 있다. 종교―엄밀히 말해 특정 형태의 종교―는 일상적인 인간의 갈등과 불화를 초월적인 실재의 권위와 의지가 결부된 선과 악의 우주적 투쟁으로 대치시키며, 그로 인해 생긴 종교적 갈등은 세속적 갈등과는 비교할 수 없을 정도로 무시무시하다는 주장이 바로 그것이다.

하지만 어떤 사회든 신 관념을 거부하려 하면, 그 사회 또한 그것을 자유나 평등 같은 세속적 이상으로 승화시키려는 경향을 보인다. 이탈리아 정치 이론가 에밀리오 젠틸레가 정확히 지적하듯이 신 관념을 거부할 때, 겉은 세속적이지만 실제로는 "상당히 발전된 신념과 신화, 제의, 상징 체계"를 갖춘 세계관이 등장하기도 한다. "이런 체계는 이 세상에 속한 실재 주위에 성스러운 기운(aura)을 만들어 내어 그것을 제의로, 또 예배와 헌신의 대상으로 바꾸어 놓는다."[28] 그것의 결과는 불 보듯 뻔하다. 이런 세속적 "경배와 헌신의 대상"이 도전이나 위협을 받게 되면 불관용은 물론이고 폭력으로 치닫게 되는 것이다.

이런 발전의 좋은 예를 우리는 '자유·평등·박애'를 모토로 한 프랑스 혁명과 함께 시작되고, 당대의 세속적 정치 이데올로기의 직접적 산물이었던 1794년의 '공포 정치'에서 찾아볼 수 있다. 당시 자코뱅파와 지롱드파 사이의 교조적 논쟁은 '혁명의 적'을 대대적으로 숙청해 한 해에만 수천 명의 생명을 앗아 간 충격적 사건이었다.[29] 이러한 학살이 혁명과 공화국 유지를 목적으로 하고 있기에 정당하다고 판단한 막시밀리앙 로베스피에르(Maximilien Robespierre)는 다음과 같이 선언했다. "테러란 다름 아닌 신속하고, 진중하고, 거침없는 정의다. 테러의 기원은 미덕이다."[30] 다시 말해 테러는 종교적인 폭력과는 달리 합리적이라는 것이다(나는 합리적 폭력을 옹호하는 샘 해리스의 문제 많은 주장이 이 역사적 사례에서 착안한 것은 아닌가 하는 생각이 든다). 그러나 혁명과 공화국의 안녕을 위해서라는 목적에 부합하기만 한다면, 수단이야 어떻든 정당하다고 주장했던 로베스피에르는 결국 자신이 풀어놓고 옹호했던 바로 그 합리적 테러의 희생양으로 1794년 단두대에서 사라지고 말았다.

신적이든, 초월적이든, 인간적이든, 인공적이든 모든 이상은 남용될 가능성이 있다. 모든 이상은 그것—자신들의 생존이나 성공에 위협이 된다고 판단되는 사람과 이상의 제거를 포함하는—을 성취하는 데 필요한 수단을 정당화하는 목표로 전락하기 십상이다. 새로운 무신론은 이 점에 대해 직접적으로 표명하지는 않지만, 그들 또한 종교를 제거하는 것은 매우 끔찍한 폭력을 제거하기 위한 것이라는 생각을 부추기는 것은 분명하다. 물론 이를 입증할 만한 증거는 전혀 없다. 다만 이에 대한 반론으로 다음의 두 가지 요점이 제시될 수 있을 것이다.

먼저 17세기의 잔인했던 '종교 전쟁'은 20세기에 동일하게 잔인할 뿐 아니라, 한층 더 파괴적인 이데올로기와 민족주의 전쟁으로 대치되었다. 서구 유럽에서 사회적 권력이었던 종교의 퇴조는 훨씬 더 이상적인 합리적 계몽주의자들이 꿈꾸던 평화로운 공존으로 이어지지 못했다. 많은 이들이 알고 있듯이 제1차 세계대전에 종교적인 면이라고는 전혀 없었다.

둘째로 인간은 자신들을 다른 집단과 구별하고, 그 차이를 이용해 갈등을 만들어 내는 데 매우 능숙하다. 종교는 성·계급·인종·언어·축구 같은 수많은 차이들 가운데 하나일 뿐이다. 종교를 제거해 보라. 그러면 갈등과 폭력은 다른 구실을 만들어 등장해 자신을 정당화할 근거를 찾을 것이다.

다음 문제로 넘어가면서

이런 반성은 우리를 어디로 이끄는가? 우리는 현실을 중시해야 한다. 또한 우리는 종교의 본질―그리고 사회와 인류의 복지에 남긴 종교의 영향―을 증거에 입각해 사소한 것 하나까지도 치밀하게 분석하고, 그러한 학문적 접근으로 신문의 헤드라인과 구호에 휘둘려 문화 전쟁의 주변부로 밀려난 듯한 최근의 대중적 토론의 피상성을 탈피해야 한다.

세속적 휴머니즘은 자신을 최상의 인간 정신으로 규정하고 제시한다. 그렇다면 종교가 자신을 옹호하면서 종교 안에 있는 최상의 요소를 제시하지 못할 이유는 어디에 있는가? 물론 종교는 잘못될 수 있다. 하지만 이것은 종교에만 해당되지 않는다. 예를 들어 과학도 잘못될 수 있고, 실제로 그랬다. 나치가 지배하고 있던 독일 당시에 등장했던 '사회적 다윈주의'를 생각해 보라. 이 사상은 지금에야 혐오스러운 사상으로 공히 비판받고 있지만, 당시엔 수많은 사회적 자유주의자들에게 진보적인 사상이라는 높은 평가를 받았다. 사회적 다원주의는 분명 잘못된 과학이었다. 그렇다고 우리는 이 기형적인 과학 하나 때문에 과학 전체를 판단하지는 않는다. 이처럼 종교와 과학 모두 괴물을 배양할 가능성이 있지만, 이런 특수한 병리적 현상으로 과학을 규정할 근거는 어디에도 없으며, 그래서도 안 된다.

종교가 반드시, 그리고 예외 없이 악하고, 광적이고, 파괴적이라는 새로운 무신론자들의 주장은 분명 오류다. 해리스, 도킨스, 그리고 히친스는 종교를 반대할 만한 사례들을 취사선택해 논증을 함으로써 무신론자들조차 불편하게 만들었다. 테리 이글턴(Terry Eagleton)이 도킨스의 「만들어진 신」에 취합된 자료에 대해 제대로 언급했듯이, "도킨스는 자신의 엄밀한 과학적 중립성으로 400여 페이지에 달하는 책에서 단 하나의 인간적인 유익이 종교에서 나올 수 있다는 사실을 전혀 수긍하려 하지 않는다. 이런 견해는 증거의 왜곡인 동시에, 말도 안 되는 선험적 전제일 뿐이다."[31]

종교는 교정되고 개혁되어야 한다. 마찬가지로 새로운 무신론 또한 자성을 촉구하는 지적·도덕적 비판을 기꺼이 수용하고, 자신의 문제점들을 정직하게 직면해야 한다.

주

1) William Temple, *Nature, Man and God*. London: Macmillan, 1934, p. 22.
2) 이 내용에 대한 더 깊은 연구로는 Peter Harrison, *'Religion' and the Religions in the English Enlightenment*. Cambridge: Cambridge University Press, 1990; Daniel L. Pals, *Seven Theories of Religion*. New York: Oxford University Press, 1996; Samuel J. Preus, *Explaining Religions: Criticism and Theory from Bodin to Freud*. New Haven, CT: Yale University Press, 1987를 보라.
3) Christopher Hitchens, *Letters to a Young Contrarian*. New York: Basic Books, 2001, p. 55.
4) Meera Nanda, 'Spirited Away'. *New Humanist* 121/3, May/June 2006 <http://newhumanist.org.uk/973/spirited-away>
5) Meera Nanda, 'Spirited Away'.
6) Paul Heelas, Linda Woodhead, Benjamin Seel and Bronislaw Szerszynski, *The Spiritual Revolution: Why Religion Is Giving Way to Spirituality*. Oxford: Blackwell, 2005.
7) Natalya Sadomskaya, 'Soviet Anthropology and Contemporary Rituals'. *Cahiers du monde russe et sovietique* 31 (1990), pp. 245-253.

8) Martin E. Marty with Jonathan Moore, *Politics, Religion, and the Common Good: Advancing a Distinctly American Conversation About Religion's Role in Our Shared Life*. San Francisco: Jossy-Bass, 2000.
9) Emilio Gentile, *Politics as Religion*. Princeton, NJ: Princeton University Press, 2006, pp. 1-15.
10) Diego Gambetta(ed.), *Making Sense of Suicide Missions*. Oxford: Oxford University Press, 2005.
11) Robert A. Pape, *Dying to Win: The Strategic Logic of Suicide Terrorism*. New York: Random House, 2005.
12) Scott Atran, 'The Moral Logic and Growth of Suicide Terrorism'. *Washington Quarterly* 29/2 (Spring 2006), pp. 127-47.
13) Richard E. Wentz, *Why People Do Bad Things in the Name of Religion*. Macon, GA: Mercer University Press, 1993. Sudhir Kahar, *The Colors of Violence: Cultural Identities, Religion and Conflict*. Chicago: University of Chicago Press, 1996도 보라.
14) Alberto Toscano, *Fanaticism: On the Uses of and Idea*. London: Verso, 2010.

15) 이 주제에 대한 연구로는 Richard A. Burridge, *Imitating Jesus: An Inclusive Approach to New Testament Ethics.* Grand Rapids, MI: Eerdmans, 2007를 보라.
16) 가장 뛰어난 최근 연구 중에 하나가 Walter Wink, *Jesus and Nonviolence: A Third Way*. Minneapolis, MN: Fortress Press, 2003이다.
17) 이 비극적 사건과 그 의미에 대한 뛰어난 설명으로는 Donald B. Kraybill, Steven M. Nolt and David Weaver-Zercher, *Amish Grace: How Forgiveness Transcended Tragedy.* San Francisco, CA: Jossey-Bass, 2010를 보라. 조금 더 대중적인 설명으로는 Jonas Beiler with Shawn Smucker, *Think No Evil: Inside the Story of the Amish School-housing Shooting—and Beyond.* New York: Howard Books, 2009를 보라.
18) 프랑스 혁명은 무신론 시기를 거치긴 했지만, 이 시기는 국가 정책에 제도적으로 실현될 만큼 길게 이어지지 못했다.
19) V. I. Lenin, 'Socialism and Religion', in *Collected Works*, 45 vols. Moscow: Progress Publishers, 1965, vol. 10, pp. 83-87.
20) Anna Dickinson, 'Quantifying Religious Oppression: Russian Orthodox Church Closures and Repression of Priest 1974-41.' *Religion, State*

and Society 28 (2000), pp. 327-335. 또한 Dimitry V. Pospielovsky, *A History of Marxist-Leninist Atheism and Soviet Anti-Religious Policies*. New York: St Martin's Press, 1987; William Husband, 'Soviet Atheism and Russian Orthodox Strategies of Resistance, 1917-1932.' *Journal of Modern History* 70 (1998), pp. 74-107 등도 보라.

21) "전투적 반종교 연맹"(League of the Militant Godless)으로도 알려져 있다. 이 연맹의 역사와 방법에 관해서는 Daniel Peris, *Storming the Heavens: The Soviet League of the Militant Godless*. Ithaca, NY: Cornell University Press, 1998를 보라. 구 소련의 실패한 전략에 대한 견해로는 Paul Froese, 'Forced Secularization in Soviet Russia: Why an Atheistic Monopoly Failed'. *Journal for the Scientific Study of Religion* 43 (2004), pp. 35-50를 보라.

22) Christopher Hitchens, *God Is Not Great: How Religion Poisons Everything*. New York: Twelve, 2007, pp. 243-247.

23) 구 소련에 대한 히친스의 견해와 다른 가장 흥미로운 비판이 그의 가족에게서 나오는 것 같다. 크리스토퍼의 동생 Peter Hitchens는 오랫동안 동유럽 공산주의 연합에서 저널리스트로 일했고, 구 소련이 몰락하기 직전 그는 마지막으

로 모스크바에서 일했다. Peter Hitchens, *The Rage against God*. London: Continuum, 2010를 보라.

24) Richard Dawkins, *The God Delusion*. London: Batnam, 2006, p. 273.

25) Dawkins, *God Delusion*, p. 249.

26) Timothy J. Colton, *Moscow: Governing the Socialist Metropolis*. Cambridge, MA: Harvard University Press, 1995, p. 228-231.

27) 이 이야기에 대해서는 Rudiger Lux and Martin Petzoldt (eds), *Vernichtet, vertrieben—aber nicht ausgeloscht: Gedenken an die Sprengung der Universitatskirche St. Paul zu Leipzig nach 40 Jahren*. Berlin: Kirchhof & Franke, 2008를 보라.

28) Gentile, *Politics as Religion*, p. 1.

29) Francois Furet, *The French Revolution, 1770-1814*. Oxford: Blackwell, 1996.

30) 'La terreur n'est autre chose que la justice prompte, sévère, inflexible; elle est donc une émanation de la virtue.' 1794년 2월 5일 'Sur les principes de morale politique qui doivent guider la Convention nationale'라는 제목의 Robespierre의 연설에서. *Oeuvres de Maximilien Robespierre*, 10

vols. Enghien les Bains: Editions du Miraval, 2007, vol. 10, p. 357.
31) Terry Eagleton, 'Lunging, Flailing, Mispunching', *The God Delusion*에 대한 서평. *London Review of Books*, 28/20, 19 October 2006.

4. 종교는 비이성적이다

1697년 1월 위대한 영국 철학자 존 로크는 막역한 친구 윌리엄 몰리노(William Molyneaux)에게 진리를 추구하는 인생의 즐거움에 대한 내용의 편지를 쓰며 다음과 같이 말했다. "나는 세상에 거짓과 반대되는 진리가 있음을 알고 있다. 이 진리는 사람들이 원하기만 하면 발견할 수 있고, 추구할 만한 가치가 있으며, 가장 고귀할 뿐 아니라 즐거운 것이다." [1] 로크의 말을 곱씹어 생각해 보면, 우리는 여기서 영감의 원천을 발견하게 된다. 그의 말은 과학과 철학, 신학의 모토로 삼기에 충분한 가치가 있다. 또한 그의 말은 분별하기 어려운 세상에서 영예롭고 고귀한 진리 탐구에 동참하는 새로운 무신론자들이 자신의 모토로 삼기에도 제격이다. 하지만 많은 무신론자들을 포함해 새로운 무신론에 대해 비판적인 사람들은, 새로운 무신론자들이 진리에 대한 독점권을 주장하며 다른 입장들, 무엇보다 종교적 믿음의 합리성을 근본적으로 인정하려 하지 않는다고 지적한다.

자유 사상가로서 나는 이성과 과학을 사랑한다. 덕분에 나는 자연과학을 전공하던 대학교에서 무신론을 버리고 기독교 신앙을 받아들였다.

나는 리처드 도킨스 역시 자유 사상가임을 의심하지 않는다. 하지만 이성과 과학에 대한 이해에 있어 도킨스와 나는 견해차가 매우 크고, 그로 인해 우리 둘의 자유 사상은 전혀 다른 결론에 도달한다.

그러나 모든 것이 다 이런 식이다. 단테의 말처럼 이성의 '날개는 짧다.'[2] 철학자들은 오랫동안 진리라는 중요한 문제에 대해 토론을 벌여 왔지만, 여전히 서로의 차이를 해소하지 못하고 있다. 우리의 지성 밖에 어떤 실재가 존재하는가? 신은 정말로 존재하는가? 선한 삶이란 무엇인가? 이런저런 수많은 문제들을 두고 토론이 지금도 한창 진행 중이다. 하지만 그렇다고 해서 누구도 최선의 답이 무엇이며, 우리의 삶의 토대를 놓을 질문에 대한 해답 찾기를 중단하는 사람은 없다. 오히려 그렇기 때문에 서로의 차이를 존중하고, 상대방의 주장에 귀를 기울여야 한다.

두 명의 선도적 학자인 무신론자 잭 스마트(Jack Smart)와 유신론자 존 할데인(John Haldane) 사이에 오간 토론은, 이 문제에 대해 나눈 격조 높고, 서로를 존중하는 해박한 논쟁에 있어 최상의 본보기다. 두 학자 모두 자신의 입장이 더 타당함을 치열하게 주장하면서도 상대방의 의견에도 일면 타당성이 있음을 겸손하게 인정했다.[3] 스마트의 질문은 샘 해리스 류의 오만하고 피상적인 주장과는 전적으로 달랐다. 할데인의 질문 또한 도킨스나 데닛이 종교적 신념의 주된 특징이라고 생각하는 신앙의 '비합리성'과도 거리가 멀었다. 스마트와 할데인 두 사람의 입장 모두 지적인 사람들의 지지를 받을 수 있을 만큼 충분히 가치가 있다고 인정받았다. 그리고 언제나 그랬듯이, 이 논쟁은 어떤 결론도 맺지 못했다.

다음 두 장에서 우리는 이성과 과학―실재를 다루는 중추적 수단―을 비판적으로 살펴보면서, 이성과 과학이 새로운 무신론과 어떤 관계인지를 탐구할 것이다. 그러나 모든 도구는 사용 전에 정확성을 먼저 검증받아야 한다. 그 도구는 얼마나 믿을 만한가? 그것이 오류를 일으켜 정상을 비정상으로 판단하거나 왜곡된 결과를 도출하지는 않는가? 그 도구의 한계는 무엇인가? 아무리 좋은 도구라도 잘못될 수 있으며, 그럴 경우 우리는 결과를 신뢰할 수 없게 되기 때문이다. 따라서 현명한 사람일수록 올바른 결과를 얻기 위해 자신이 택한 도구의 한계를 정확히 인지하는 법이다.

이성에 대해서도 비판적이어야 한다는 중요한 생각은 전혀 새로운 것이 아니다. 18세기 계몽주의의 두 명의 선도적 철학자였던 임마누엘 칸트와 데이비드 흄은 이성에는 한계가 있고, 이런 한계를 파악하고 이해해야 한다는 점에서 매우 분명한 입장을 취했다.[4] 두 사람 모두 형이상학적인 문제를 해결하는 데 있어 이성이 정확하게 작동할 것이라는 입장에 매우 회의적이었다. 이성은 비합리적인 것을 인식하고 비판하는 기능을 발휘한다. 그러나 이것이, 오직 이성만이 실재를 바르게 파악할 수 있다는 뜻은 아니다. 이것이 그들의 생각이었다.

새로운 무신론자들은 합리성을 자신들을 다른 것들과 구별짓는 결정적 특징 가운데 하나로 간주하며, 다른 견해가 합리적인 것으로 간주되는 것을 단호하게 그리고 공격적으로 부인한다. 그러나 이런 태도는 학문적인 태도가 아니라 포퓰리즘에 가까운 자세다. 새로운 무신론 바깥에 있는 대부분의 지적인 무신론자들은 이성의 한계와 비무신론적 관점의 합리성 모두를 인정한다. 이들 지적인 무신론자들은 자신들의 신념이 다른 대안들에 비해 더 합리적이라고는 확신한다. 그러나 신에 대한 믿음이 필연적으로 비합리적이라고 묵살할 근거 또한 어디에도 없다고도 생각한다.

신에 대한 믿음의 합리성

20세기에는 미국의 앨빈 플랜팅가(Alvin Plantinga)와 리처드 스윈번(Richard Swinburne) 같은 종교 철학자가 등장해 믿음의 합리성을 재확인하고, 신에 대한 믿음을 지향하는 이성에 관한 전통적인 논쟁에 새로운 활력을 불어넣었는데, 이는 부분적으로 우주의 기원에 대한 새로운 과학적 이해로 인해 촉진된 것이다. 오늘날 신에 대한 믿음이 완벽하게 합리적이라는 대중적 합의가 점점 확산되고 있다. 물론 그런 믿음을 일부러 배제하려는 입장에서 합리성을 정의하지 않는다면 말이다.[5]

합리성은 정해진 출발점이나 결론을 단순히 받아들이는 것보다는, 어떤 결론에 이르는 반성적 논의를 통제하는 원칙과 더 깊이 관련되어 있다. 새로운 무신론 저자들은 이와 같은 근본적인 의미에서 벗어나 합리성이란 용어를 정의하면서, 이성은 우리로 하여금 신에 대한 믿음을 배제하는 특수한 방식으로 세상을 해석하도록 요구한다고 주장한다. 하지만 이런 해석은 분명 수많은 가치 판단과 전제들, 그리고 이성으로는 입증 불가능한 실재의 본질에 대한 출발점과 은밀하게 연관되어 있다. 예를 들어, 몇 년 전 영국의 에든버러 페스티벌에서 도킨스는 매우 흥미로운 강의 중에 종교적 신념이란 이성과 증거를 결단코 그리고 필연적으로 거부하려는 저항이라고 주장했다.

> 믿음이란 이성적으로 사고하면서 증거를 평가해야 할 의무를 회피하는 엄청난 구실, 엄청난 변명거리다. 믿음이란 증거가 없는데도, 아니 어쩌면 증거가 없기 때문에 믿는 것이다…믿음은 논증을 통해 스스로를 정당화하지 못한다.[6]

도킨스는, 믿음이란 논증을 통해 스스로 정당화할 수 있으며, 또 그래야 한다고 주장하는 리처드 스윈번이나 C. S. 루이스 같은 수많은 종교 지성인들을 무시한다. 물론 이성적으로 사고하지 않으려는 종교인들도 분명 있다. 하지만 새로운 무신론자들의 웹 사이트를 연구해 본 결과, 나는 일부 종교인들뿐만이 아니라 그들 또한 그런 이들과 마찬가지로 이성적으로 사고하지 않으려 하고 있음을 알게 되었다. 이처럼 이성적으로 사고를 하지 않는 것이 종교인만의 주된 특징이라고 주장하는 것은 매우 지나친 말이다.

그렇다면 이성의 한계는 어디에 있는가? 한번은 도킨스와의 논쟁에서 그는 나에게 신이 존재한다는 사실을 과학적으로 이성적으로 증명해 보라고 도전했다. 그 사실을 입증한다면, 자신이 믿겠노라고 말이다. 그러나 안타깝게도 이 문제는 그렇게 단순하지 않다! 이번 장과 다음 장에서 분명하게 드러내 보이겠지만, 이성적으로나 과학적으로 입증할 수 있는 것은 사실 많지 않고, 신의 존재에 관한 문제 또한 그렇다. 궁극적인 중요성을 지닌 다른 문제들도 이런 측면에서는 매한가지다. 무신론의 핵심 가치와 개념조차도 이성적으로나 과학적으로 증명할 수 있는 문제가 아니다.

뛰어난 철학자이자 역사가 이사야 벌린(Isaiah Berlin) 경은, 얼마전 인간의 확신은 다음의 세 가지 범주로 구분할 수 있다고 지적했다.[7]

1. 실증적 관찰을 통해 세워질 수 있는 것들.
2. 논리적 추론을 통해 세워질 수 있는 것들.
3. 둘 중 어느 것으로도 입증될 수 없는 것들.

앞의 두 범주 중 첫 번째는 자연과학을 통해 확실하게 알려질 수 있는 것과 연관되어 있으며, 두 번째는 논리와 수학을 통해 입증될 수 있는 것, 그리고 마지막 세 번째 범주는 인간의 문화를 형성했고 인간 실존의 방향과 목적을 제시했지만, 이성이나 과학을 통해서 입증되지 않는 가치나 관념 같은 것과 연관되어 있다.[8]

어떤 종류의 가치와 관념인가? 하나의 예가 있다. 1948년 국제연합(UN)은 "기본 인권에 대한 신념"을 다음과 같이 재천명했다. "모든 사람은 태어날 때부터 자유롭고, 존엄성과 권리에 있어 평등하다. 사람은 이성과 양심을 부여받았으며, 형제애의 마음으로 서로를 대해야 한다." 이와 같은 세계 인권 선언의 진술은 논리나 과학으로 입증될 수 있는 것이 아니다. 민주주의가 파시즘보다 낫다는 믿음이나, 억압은 악하다는 신념 또한 마찬가지다. 그럼에도 고상하고 현명한 많은 사람들은 이런 신념을 자신의 평생의 사명으로 받아들이고, 그것이 무엇보다 올바를 뿐 아니라 중요하다고 믿기까지 한다. 그리고 우리 가운데 누구도 이런 신념을 갖고 사는 사람들을 미쳤다고 생각하지 않는다. 마르크스주의자이자 유신론자인 테리 이글턴이 바르게 지적했듯이 "절대 타당한 합리적 근거를 제시할 수 없는 정당한 수많은 신념들을 사람들은 견지하고 있다."[9]

철학자 앨빈 플랜팅가는 영원한 철학의 문제인 '타자의 정신'(other minds)에 대한 주장을 오랫동안 펼쳐 왔다.[10] 그의 주장을 간단히 설명하면 다음과 같다. 나는, 내가 지성을 소유하고 있음을 직접 인식할 수 있지만, 독자인 당신이 지성을 소유하고 있는지는 결코 입증하지 못한다. 또한 당신도 다른 사람이 지성을 소유하고 있는지 절대로 입증하지 못한다. 그렇다고 이를 지나치게 염려할 필요는 없다. 우리는 그저 사물이 보이는 대로 존재한다고 가정하고, 그것에 맞게 행동하면 된다. 이렇듯 플랜팅가는 '타인의 정신'의 존재를 증명하는 것과 신의 존재를 증명하는 것 사이에 공통점이 있다고 주장한다. 둘 다 입증할 수 없고, 둘 다 타당한 반대 논증을 제기할 수도 있다. 하지만 지지자들이 보기에는 둘 다 더없이 합리적이다.

그러나 새로운 무신론은 종교적이든 세속적이든, 모든 세계관은 이성적으로나 과학적으로 증명할 수 있는 한계를 벗어나 있다는 불편하지만 사실인 진실을 거부한다. 그러나 모든 것이 다 이런 식이다. 가치나 의미에 관한 '궁극적인 질문'은 결코 사라지지 않는다. 새로운 무신론과 기독교는 둘 다 확신을 갖고 있으며, 둘 다 그 위에 세워져 있다. 둘 다 증명될 수 없는 것을 토대로 하고 있지만, 그럼에도 둘 다 신뢰할 만하다는 입장을 고수할 수 있다. 흔히 지적되듯이 종교적이거나 세속적인 어떤 세계관과 신념 체계의 작동 방식 모두 이와 동일하다.

결국 삶과 죽음, 죄와 고통, 희망과 치유에 관한 이런 궁극적 질문과 대답은 모두 지적인 이해나 엄밀한 논리적 입증의 한계를 벗어나 있다. 결국 우리는 다음과 같이 말할 수 있을 뿐이다. "내가 이렇게 하는 이유는, 이것이 삶의 본질이라고 믿기 때문이며, 가장 깊은 열망과 가장 고귀한 신념에 따라 행동하는 것에 나의 궁극적인 행복이 달려 있다고 믿기 때문이다."[11]

그러나 크리스토퍼 히친스는 노골적으로 자신과 같은 새로운 무신론자들은 그러한 신념을 품고 있지 않다고 단언한다. "우리의 신념은 신념이 아니다."[12] 하지만 이런 태도야말로 맹목적인 신앙의 가장 적절한 본보기 가운데 하나이며, 자신의 방법론 전체를 취약하게 만드는 망상이다. 확실한 한 가지 예를 하나만 더 들어 보자. 히친스의 반유신론적 주장("종교는 악하다" 혹은 "신은 선하지 않다" 등)은 이성으로 입증할 수 없는 특정한 윤리적 가치를 토대로 하고 있다. 히친스는 자신에게 공감하는 독자들이 자신의 윤리적 가치를 함께 공유하고 있다고 전제한다. 하지만 그들은 그 기원이나 토대, 신뢰성에 관한 불편한 질문을 던지지는 않는다. 그러다 (논쟁하다 보면 으레 그렇듯이) 그런 것을 입증해 보라는 요청을 받으면, 그는 아무런 답을 하지 못한다. 그는 이런 결정적 사실을 숨기고 싶을지 모르나, 그의 신념은 그야말로 신념일 뿐이다. 히친스를 포함해 우리 모두 동일한 존재들인 것이다.

인간의 이성과 신의 발명

기독교 저술가의 입장에서 볼 때 종교적 믿음이란, 이성이 아닌 합리주의라는 독단의 차가운 울타리 안에 인간을 가두려는 현실에 맞선 저항이다. 논리와 사실이 할 수 있는 일이란 단지 "우리를 여기까지 데려오는 것이다. 그 다음에 우리는 신념을 향해 남은 길을 걸어야 한다."[13] 사람의 논리가 이론적으로는 적절해 보이지만, 실존적으로는 그렇지 않을 수 있다. 믿음은 인생에는 그 이상의 것이 있다고 선언한다. 믿음은 이성과 모순되는 것이 아니라 그것을 초월한다. 믿음은 합리적 동의를 이끌어내고 요청할 뿐, 그것을 강요하지는 않는다. 그러나 안타깝게도 자유 사상가라고 자부하는 어떤 이들은 한물간 19세기의 계몽주의라는 감옥에 아직까지 갇혀 있다. 지난 50년 동안 합리성에 대한 우리의 이해에 얼마나 근본적인 변화가 일어났는지 도무지 인식하지 못한 채 말이다.[14]

많은 새로운 무신론자들이 철저히 이성적으로 이 대목에서 반대를 하려 한다. 인간의 이성이 이성의 울타리를 넘어 신을 발견하는 것이 아니라, 어리숙한 인류가 신을 만들어 내는 것이라고 말이다. 아니, 거기서 더 나아가 어리석은 인간이 끔찍한 신을 만들어 내기까지 한다고. 이 중요한 반론을 조금 더 자세히 살펴보도록 하자.

새로운 무신론 웹 사이트에 의하면, 이 만들어진 신은 세상의 악에 대해 책임을 져야 한다. 악은 고상한 인류가 책임져야 할 것이 절대 아니다. 그리고 이 신은 선한 목자보다는 북한의 독재자에 훨씬 더 가까운 혐오스런 압제자일 뿐이다. 이런 근본적인 비판을 리처드 도킨스는 자신의 책에서 비아냥거리는 투로 다음과 같이 말한다.

> 구약 성경의 신은 틀림없이 모든 소설을 통틀어 가장 불쾌한 주인공임이 분명하다. 질투하는 건 물론이고, 그것을 자랑스럽게 생각하는 존재. 좀스럽고, 불공평하고, 용서를 모르는 지배욕에 불타는 독재자. 복수심으로 가득하고, 피에 굶주린 인종 청소자. 여성을 혐오하고, 동성애를 증오하며, 인종 차별을 하고, 유아 살해와 대량 학살을 자행하며, 자식을 죽이고, 전염병을 퍼뜨리는 과대망상증 환자에 가학피학성 변태성욕자, 변덕스럽고 심보 고약한 악당이다.[15]

매우 어설픈 글임이 분명하긴 하지만, 이 글에 분노가 가득 담겨 있다는 사실 또한 분명하다. 도킨스는 신중한 반종교적 편견이 아니라 자신의 도덕적 분노를 글에서 거침없이 드러낸다. 이렇듯 끔찍한 신에게 복종하는 종교를 이해하거나 용인해야 할 아무런 이유가 없으며, 오히려 그런 괴물과 같은 종교는 사회에서 결단코 몰아내야 한다고 말이다.

새로운 무신론 블로거들은 이렇게 만들어진 신의 비윤리성과 타락에 대해 자주 언급한다. 어떤 이는, 신이 아우슈비츠 가스실 문을 걸어 잠그고 청산가리를 쏟아부은 보이지 않는 힘이었다고 주장하는 데까지 나아가기도 한다. 정말로 신이, 인간이 만들어 낸 개념이라면 사람들을 가스실에 가두고 독가스를 쏟아부으라고 말하거나 사람들에게 9/11 같은 테러를 저질러 엄청나게 많은 무고한 사람들을 살해하라고 말했을까? 아니다. 그렇지 않다. 새로운 무신론자들의 사고의 틀 안에서 보자면, 신은 결코 그들의 지적 고려 대상조차 아니니 말이다. 신은 망상 그 이상도 그 이하도 아니지 않은가. 사람들은 그저 신을 믿는 믿음에 현혹된 것일 뿐, 새로운 무신론의 주장이 정말로 옳다면, 사람들에게 어떤 일을 하라고 명령할 신은 결코 존재할 수 없는 것이다.

그럼에도 사람들은 가스실에 갇혔고, 독가스에 질식해 죽었다. 9/11도 실제로 벌어졌다. 하지만 신이 있다면 모를까 신이 없다면, 이런 일은 신의 잘못일 수 없다. 존재하지 않는 신이 잘못을 저지를 수 없지 않은가. 그것은 인간이 저지른 행위일 뿐이다. 이렇게 말하면 새로운 무신론자들은 분명 신이라는 망상에 빠진 인간들이 그런 일을 벌인 것이라고 항변할 것이다. 하지만 그렇다고 준엄하고 불편한 진실을 피할 수는 없다. 신이 없다면, 인간의 악에 대해 비난을 뒤집어 쓸 존재도 없는 게 아닌가 말이다.

새로운 무신론은 인류의 이성적·도덕적 실패의 책임을 신에게 떠넘기면서, 자신의 세계관에 뻔히 드러나는 모순을 누구도 눈치채지 못하기를 바란다. 그들은 세상의 모든 잘못에 대한 책임을 신에게 물을 수 있다고 주장한다. 하지만 그들 말대로 신이 만들어진 것, 즉 허구의 존재라면 그 비난은 여지없이 신을 만들어 낸 인간이 받아 마땅하다. 홀로코스트를 계획하고 실행한 건 신이 아니기 때문이다. 그것은 분명 합리성과 도덕성이 절정에 이르렀다고 자임하던 20세기의 인류가 벌인 일이다. 새로운 무신론자들은 이런 사실을 겸허히 인식하고, 자신들의 이론을 전적으로 수정해야 하지 않겠는가!

종교에 대한 무신론의 고전적인 비판은, 신은 그 신을 만든 창조자를 닮는다는 것이다.[16] 인간은 자신의 모습대로 신을 창조해 이 초자연적 존재에 인간의 고유한 도덕적·합리적 특성을 부여한다.[17] 히친스 또한 이 견해를 지지하며 이를 조금 더 명료하게 다음과 같이 기술한다. "신은 자기 형상대로 사람을 창조하지 않았다. 오히려 명백히 그 반대다."[18] 나아가 그는 다음과 같이 말한다. "종교에 대한 가장 온건한 비판이야말로 가장 급진적이고 파괴적이다. 종교는 인간의 작품이다."[19] 어쨌든 신과 종교의 도덕적 비행에 관한 새로운 무신론자들의 지적이 옳다면, 히친스의 결론은 인간성을 그리 좋게 묘사한 것이 아니게 된다. 종교가 인간성을 부패시키는 것이 아니라, 부패한 인간성이 부패한 종교를 만들어 내는 것이라고 말이다.

구약 성경의 신에 대한 도킨스의 글의 논조는 그대로 두고 앞에서 지적한 핵심을 다시 진술해 보면, 사태를 바라보는 새로운 무신론의 방식에 대해 다음과 같은 매우 난감한 질문이 제기될 수 있음을 우리는 알 수 있다.

구약 성경의 신은 틀림없이 모든 소설을 통틀어 가장 불쾌한 주인공이다. 그런 신을 만들어 낸 인간은 질투는 물론이고, 그것을 자랑스럽게 생각하는 존재. 좀스럽고, 불공평하고, 용서를 모르는 지배욕에 불타는 독재자. 복수심으로 가득하고, 피에 굶주린 인종 청소부. 여성을 혐오하고, 동성애를 증오하고, 인종 차별을 하고, 유아 살해와 대량 학살을 자행하고, 자식을 죽이고, 전염병을 퍼뜨리는 과대망상증에 가학피학성 변태성욕자에, 변덕스럽고 심보 고약한 악당이다. 인간은 그런 신을 자신의 형상대로 만들어 냈다.

새로운 무신론자들은 이런 식으로 지적·도덕적 딜레마에 직면해 있다. 새로운 무신론자들이 종교의 비합리적이고 비도덕적인 속살을 벗겨 내려고 할수록, 부각되는 것은 신을 만든 창조자, 즉 인간의 비합리성과 비도덕성이다. 새로운 무신론자들이, (어느 것 하나 증명할 수 없는) 딜레마에 직면해 있는 이유는 다음과 같은 두 가지 핵심에 의해 고안되고 만들어진 신념을 자신들이 갖고 있기 때문이다.

1. 신은 악하고 끔찍하다.
2. 신은 인간이 만들어 낸 망상이다.

히친스와 도킨스의 글을 읽다 보면, 간혹 그들이 정말로 신이 존재하기를 오히려 더 바라는 건 아닌가 하는 생각이 든다. 그래야 자신들의 불같은 분노와 끝없는 불평으로 비난할 수 있고, 그 존재를 피고로 소환해 책임을 추궁할 수 있을 것이기 때문이다. 몇몇 새로운 무신론 저자나 블로거들의 광기를 잠재우기 위해 신은 필경 린치를 당해야 하는 것이다 (그리고 이런 일들은 실제로 일어나고 있다). 그러나 사회에 존재하는 모든 잘못을 뒤집어쓰고 사람들에게 안도감을 줄 희생양이 될 신이 존재하지 않는다면, 그 비난의 화살은 가차 없이 인간에게로 향하고 말 것이다.

세속적 합리주의자들의 진짜 문제는 이것이다. 곧 그들이 인간을 '만물의 척도'—알렉산더 포프의 표현—로 만들었으나, 인간이 고수해 온 확신—가장 대표적인 것이 신에 대한 광범위한 믿음이다—의 범위로 말미암아 자신들 스스로가 궁지에 빠졌다는 점이다. 만약 신을 향한 믿음이 인간의 발명품이라면, 따라서 종교라는 이름으로 저질러진 범죄의 기원이 인간이라면, 인간성은 새로운 무신론의 세계관이 인정하는 합리성이나 도덕성에 훨씬 미치지 못하는 그 무엇일 것이다.

'브라이트'와 합리성의 구원

새로운 무신론자들은 이 문제를 해결하는 방안을 하나 갖고 있는 듯하다. 이것을 이해하기 위해서는 2장에서 소개한 '브라이트' 개념으로 나시 돌아가야 한다. 이 엘리트주의적인 관념은 새로운 무신론을 대외적으로 곤란하게 만들었는데, 이 운동이 지적으로 거만하다는 점차 커 가는 평판을 더욱 확고하게 만들어 주었기 때문이다. 그렇지만 브라이트 사상은, 특히 무신론 블로그의 강한 이원론적 분위기로 점철되어 있는 새로운 무신론의 거대 담론과 더할 나위 없이 잘 들어맞는다. 그곳 사람들은 인간을 대체로 두 부류, 곧 이성과 과학을 의지하는 이들과 맹신과 미신에 사로잡힌 열등한 이들로 나눈다. 이 지배적 사상 체계에 의하면, 이들 중 아직까지도 신을 믿는 사람들은 지적·도덕적 결함을 지니고 있는 이들이며, 그들은 애당초 종교를 만들어 냈을 뿐 아니라 지금까지도 계속해서 종교를 지지하는 비합리적이고 비도덕적인 핵심 인간들이다.

물론 히친스는 '브라이트'라는 용어 사용을 거부한다. 그러나 그의 분석 중심에 이와 거의 흡사한 생각이 자리하고 있음은 분명하다. 성경의 저자는 "덜떨어진 미개한 인간 포유류"라는[20] 매우 비아냥거리는 히친스의 문체에서 볼 수 있듯이, 사람을 이런 식으로 철저히 구분하는 태도는 독자들로 하여금 새로운 무신론이 일종의 종교 근본주의와 매우 유사하다는 생각을 하게 만든다. 여기서 새로운 무신론은 알랭 바디우(Alain Badiou)나 줄리언 바지니, 존 그레이(John Gray)나 슬라보예 지젝(Slavoj Žižek) 같은 이들의 고상하고, 온건하며, 관대하고, 합리적인 무신론과는 확연히 구별된다.

종교적이든 세속적이든 근본주의적 사고방식은, 자신의 신념에 대한 교조적 확신으로 인해 인간 이성이 작동하는 한계를 제대로 인식하지 못한다는 특징을 갖고 있다. 근본주의는 세상을 두 개의 범주로 철저히 구분한다. (당신이 종교인이라면) 구원받은 자와 저주받은 자로, 혹 (당신이 비종교인이라면) 합리주의자와 미신 숭배자로 말이다. 그들에게는 어떤 대안이나 중도적 영역, 제3의 영역 같은 것은 허락되지 않는다.

새로운 무신론자들은 자신들의 생각의 지도에 들어맞지 않는 '온건한 무신론자'들에게 쉬이 분노하면서도, 자신의 목적에 부합한다고 판단되면 온건한 무신론자는 물론이고 아이리스 머독(Iris Murdoch) 같은 훌륭한 저자의 명성을 등에 업고 지적으로 빈약하다는 비난을 모면하려고 한다. 그러나 안타깝게도 새로운 무신론자들에게서 머독의 인격적 품위나 인간의 상황에 대한 철학적 기술 혹은 지혜 같은 것은 전혀 찾아볼 수 없다.[21] 인간은 얼마든지 공상을 마치 현실처럼 받아들여 스스로를 속일 수 있다는 머독의 강조는, 도킨스와 히친스를 비롯한 그들의 추종자들에게 시사하는 바가 많다. 그들은, 종교인들이 망상에 빠져 신을 믿는다고 주장한다. 그렇다면 인간의 본성에 대한 자신들의 신념에 대해서는 어떻게 생각할까? 또는 자신들의 윤리적 토대에 대해서는 어떻게 생각할까? 이에 대해 언젠가 머독은 재치 있게 다음과 같이 말했다. "우리는 다른 사람의 거짓을 폭로하는 데 조심스러울 필요가 있다. 차라리 자신의 거짓에 집중하는 것이 우리 자신에게 훨씬 좋은 일이다."

새로운 무신론자들이 사용하는 또 다른 전략은, 종교가 만개한 후 인류가 성숙하기 시작했다는 주장이다. 신을 믿는 것은 원래 터무니없는 일이 아니었다. 특별한 지식을 갖지 못했던 과거 청동기 시대에는 신을 믿는 것이 모든 것을 이해하는 최선의 방안인 것처럼 보였다. 하지만 지금은 어떤가? 과거 어느 때보다 오늘날 훨씬 더 많은 사람들이 신을 믿고 있다. 그럴 이유가 전혀 없는데도 왜 그렇게 많은 사람들이 계속해서 신앙을 고수하고 있을까? 이것은 새로운 무신론자들이 풀어야 할 딜레마임이 분명하다.

여기서 다시 '브라이트' 개념이 그들의 구원자로 등장한다. 과거 미신이라는 굴레에서 벗어나 무신론이라는 복음을 주창하던 이들은 계몽된 엘리트들이었던 반면에, 종교가 지속되는 책임은 이성과 과학의 지시를 거슬러 반역하는 무지몽매한 사람들에게 돌아간다. 그들은, 종교가 잘못된 것임을 알면서도 옹호해서는 안 될 것을 옹호하는 일을 저지르거나, 너무나 우둔하고 어리석어 애당초 이성과 과학이 하는 말을 결코 이해하지 못하는 부류다.

새로운 무신론에 비판적인 사람들에게 이와 같은 그들의 사고방식은 역겨울 정도로 거만하게 느껴진다. 무수한 토론을 거듭하면서 나도 확인한 바이지만, 이 운동 내부에서는 자신들 밖의 외부인들은 바보이거나 악당이고, 참된 계몽은 오직 거룩한 브라이트라는 울타리 안에서만 찾을 수 있다는 생각이 자명한 사실로 받아들여지고 있다. 그 밖의 나머지 인간들은 모두 망상에 빠져 있다는 그들의 신념으로 인해 그들의 '진정한 신자들'이 무례하고 거들먹거리는 인상을 받게 되지 않을까 솔직히 심히 걱정스러울 뿐이다.

계몽주의와 새로운 무신론

계몽주의 이상은 새로운 무신론자들의 사고에서 매우 중요한 역할을 담당하고 있다. 사실 새로운 무신론에 비판적인 사람들은, 새로운 무신론이 쇠락의 길을 걷고 있는 문화 양상인 모더니즘과 떼려야 뗄 수 없는 관계에 있음을 일관되게 지적한다.[22] 리처드 도킨스는 모더니즘의 열망에 부응하여 포스트모더니즘에 대해 매우 비판적이며, 포스트모더니즘을 얼토당토않은 헛소리로 치부하고, 계몽주의로 되돌아가야 이런 넌센스를 끝낼 수 있을 거라 확신한다. 또한 크리스토퍼 히친스는 승리주의에 사로잡힌 나머지, 계몽주의 시대야말로 서구 문화에서 이성과 과학이 종교와 전통, 편견, 미신이라는 폭정을 뒤집어엎은—인간은 독립적으로 사고하기 시작했고, 신 따위의 골동품은 집어던진—용기 있고 찬란한 시대였다는 당황스러운 주장을 한다.

새로운 무신론자들이 계몽주의를 신에 맞선 저항 의식으로 묘사하기는 하지만, 사실 계몽주의는 다음과 같이 조금 더 정밀하게 정의해야 한다. "계몽주의란 인간의 제도와 사상을 (국가나 교회 같은) 외부 권위에서 해방하고, 인간의 제도와 사상을 보편적 합리성이라는 토대 위에 세워 권력이 아닌 증거를 힘입어 동의를 얻어 내려는 시도다."[23] 이렇듯 확실하고 보편적인 지식의 토대를 갖추고 있어야 30년 전쟁(1618-1648) 동안 경험한 것 같은 끝없는 갈등과 반복되는 폭력으로부터 우리 사회는 자유로워질 수 있을 것이다.

계몽주의는 언제나 무엇이 올바른지 질문하면서, 바로잡아야 할 일련의 전통적 태도와 신념에 도전했고, 실제로 어느 정도 효과를 발휘했다. 인간은 더 이상 이성보다 더 높은 권위, 아니 어떤 권위에 호소하지 않고서도 삶의 중요한 질문들을 해결할 수 있게 된 것이다. 하지만 제1차 세계대전의 발발과 함께 계몽주의적 진리 탐구는 명백히 깊은 수렁에 빠지고 말았다. 그 이유는 무엇일까?

한 가지 중요한 이유는, 이성이 신뢰할 만한 궁극적인 권위의 근거라는 계몽주의의 주장을 입증할 수 없다는 것이었다. 이성이 정말로 신뢰할 만하다는 것을 우리는 어떻게 확신할 수 있는가? 어떤 이는, 이성 자체가 이성의 권위를 증명한다고 반박한다. 하지만 이런 주장은 설득력이 그리 높지 않다. 이런 방식으로 이성의 권위를 옹호하는 것은 결국 자신의 결론을 기정사실로 받아들이는 순환논법에 빠지는 것이기 때문이다. 만약 인간의 추론 과정에 결함이 있다면, 이성 자체는 이를 감지할 어떤 방법도 없다. 이로 인해 우리는 탈출구조차 없는 확실하지 않은 사고방식 속에 갇히고 말 것이다. 어떤 이는 합리주의가 자유를 가져다줄 것이라고 주장한다. 하지만 더 현명한 판단은, 이성이 오히려 더 속박하고 가두려는 특징이 있다는 것이다.

최근 포스트모더니즘의 등장은 (히친스나 도킨스가 말하는 것처럼) 비합리주의의 조짐이 아니라, 실제로는 합리주의의 실존적 결함과 합리주의가 부추기는 권위주의에 맞선 저항이다. 다시 말해 포스트모더니즘이란, 삶이 이성에 의해—단지 정보를 얻는 것과 정반대로—결정된다는 사고방식에 분명한 한계가 있음을 깨닫고, 합리주의라는 울타리 안에 가두려고 하는 어떤 것에 저항하는 것이다.

오스트리아의 수학자이자 철학자인 쿠르트 괴델(Kurt Gödel)의 저작은 이러한 우려를 불식시키고 이 논의에 새로운 활력을 불어넣었다. 불과 스물다섯의 나이에 괴델은 '불완전성 정리'(incompleteness theorem)라는 이론을 만들었는데, 이 이론은 원래 수학적인 것이지만 깊은 철학적 함의 또한 담고 있다. 특히 이성의 능력을 입증할 수 없는 이성의 무능력을 증명했다는 점에서 그렇다. 괴델의 최근 연구자 중 한 사람은 그의 연구의 의미를 다음과 같이 설명한다.

> 신념에 대한 신념을 포함해, 신념 체계 속에서 움직이는 한 사람이 어떻게 그 체계 밖으로 나와 그것이 합리적인지 아닌지 결정할 수 있을까? 만약 추론에 사용하는 기준 자체를 포함해 당신의 체계 전체가 광기로 물들어 있다면, 당신은 어떻게 광기 바깥으로 빠져나오는 길을 추론해 낼 수 있겠는가?[24]

괴델의 분석은, 이성이 자신의 권위와 능력을 확증하는 데 사용될 수 없다는 점차 커지는 인식을 더욱 강화시켜 주었다. 속이고, 제약하고, 속박하는 이성의 능력을 인식하지 못한 채 순진하게 '자유 사상' 운운하는 이들은, 이성이 속박 아래 있다는 이런 주장을 그냥 무시해 버리려고 한다. 우리는 여기에 다른 우려를 쉽게 보탤 수 있다. 예컨대 알래스데어 매킨타이어(Alasdair Macintyre)나 존 그레이 같은 계몽주의에 대한 최근의 철학적 비판자들은 계몽주의를 비판한다. 계몽주의가 우리에게 약속했던 바를 결코 전해 주지 못했다는 사실이 분명해지면서, 지식의 보편적 근거와 기준을 찾으려는 계몽주의적 탐구는 흔들리고 비틀거리다가 결국 산산이 부서졌다고 말이다.[25] 매킨타이어에게 이것은, 인간이 분명하고, 확실하고, 절대적이고, 순전히 합리적인 진리가 부재하는 상태에서 이성적으로 살 수밖에 없음을 깨달아야 한다는 의미였다. 사실 우리는 자신의 신념을 정당화해 주는 기준을 명확히 제시하고 그것을 옹호해야 하지만, 그와 더불어 이런 신념이 증명의 한계 밖에 있음도 인식해야 한다. 이를 하버드 대학교의 심리학자 윌리엄 제임스(William James)가 대중화시킨 표현으로 말하면, 우리는 이런 신념을 '작업 가설'로 간주하며 살아야 하는 것이다.[26]

인간 이성의 신뢰성에 대한, 그리고 삶의 중요한 질문들을 계속해서 권위 있게 해결하는 이성의 능력에 대한 이와 같은 우려들은, 칼 마르크스와 찰스 다윈, 그리고 지그문트 프로이트의 저작에 의해 한층 더 강화되었다.

마르크스와 다윈, 프로이트는 무엇이라고 말하는가?

지난 200년 동안 칼 마르크스와 찰스 다윈 그리고 지그문트 프로이트는, 인간 이성의 독자적 자율성과 신뢰성을 강조하는 과도한 합리주의에 함몰되어 있던 이들에게 대단히 고통스러운 질문들을 던졌다.

먼저 칼 마르크스가 제기한 문제들을 살펴보자. 그가 제기했던 기본 주장 가운데 하나는, 인간의 사상이 본질적으로 문화적 요인, 무엇보다 사회·경제적 환경에 의해 형성된다는 것이다. 사상은 사회·경제적 토대 위에 세워진, 거의 모든 것을 결정한다고까지 말할 수 있을 상부 구조다.27) 새로운 무신론자들은, 마르크스와 그의 추종자들이 신은 인간의 사회적 소외가 투사된 사회적 결과물이라고 선언했음을 자주 들먹인다. 하지만 새로운 무신론자들은, 마르크스의 방법론이 다루는 범위의 보편성, 곧 만약 마르크스의 주장이 옳다면 무신론을 포함한 우리의 사상 모두가 사회·경제적 환경에 의해 은밀하게 형성된 것이라는 사실은 간단히 무시해 버린다. 과거 합리주의자들이 신봉했던 것과 달리, 우리는 우리의 상황을 통제할 수 없다는 사실을 말이다. 새로운 무신론자들은, 마르크스가 종교를 '민중의 아편'이라고 비판했던 것만을 사람들이 기억하길 바라겠지만, 마르크스의 사상은 자신들의 사상을 떠받치는 계몽주의적 합리주의의 토대 또한 동일하게 허문다는 사실은 외면하고 있다.

사회학적인 면에서 매우 빈약하다는 비판은, 18세기 계몽주의를 주도하던 몇몇 대표자들에게만 해당하는 것뿐만이 아니라 새로운 무신론자들에게도 해당한다. 계몽주의적 사상가들이, 인간의 신념과 관습이 사회적·문화적 상황에 얼마나 깊이 물들어 있는지를 깨달았을 것이라 생각한다면 그것은 철저히 잘못 판단한 것이다. 이런 인식은 19세기 후반에야 비로소 등장하기 시작했기 때문이다.28) 어쨌든 오늘날 우리는 그런 사실을 인식하게 되었고, 그로 인해 이제 더 이상 계몽주의를 숭상했던 이전 시대로 되돌아갈 수 없게 되었다. 새로운 무신론의 등장, 그리고 그들이 취하는 구체적인 형태 또한 분명 역사적 상황에 의해 결정된다는 사실이 너무나 분명해졌기 때문이다.

사회적·문화적 조건화만으로는 계몽주의에 대한 비판에 동의할 수 없다고 느끼는 이들은, 인간은 자신의 진정한 동기에 결코 도달할 수 없다는 프로이트의 주장에 주목할 필요가 있다. 프로이트는, 우리의 행동과 사상은 우리가 이해할 수도, 극복할 수도 없는 잠재의식의 감추어진 어떤 힘에 의해 형성된다고 말한다. 정말로 이성이 잠재의식의 욕구와 욕망에 의해 형성된다면, 이성이 우리를 자유롭게 해주기는커녕 구속하는 것은 너무나 자연스러운 결론이다.

이성이 우리를 자유롭게 해줄 것이라고 믿는 이들의 진정한 문제는 진화론의 현대적 해석과 밀접하게 관련되어 있다. 찰스 다윈은 대체로 새로운 무신론자들의 대중적 상징으로 받아들여지는 상징적 인물이다. 예를 들어 대니얼 데닛은, 다윈의 이론이 신에 대한 믿음 같은 여러 가지 구시대적인 사상을 철저하게 무너뜨린다고 굳게 믿는다. 데닛은, 자신의 비판자들에게 다윈주의를 단단히 붙들어야 한다고 당당히 요구한다. "현대 생물학의 일부 혹은 전체를 다윈에게 넘겨준다 하더라도, 그 선을 절대로 넘어서지 말라! 다윈주의를 천문학 밖에, 심리학 밖에, 인간 문화 밖에, 윤리와 정치, 종교 안에 가두어 두지 마라!"[29] 데닛에게 다윈주의란 전통적 사고의 대부분, 특히 종교의 근거를 용해시키는 '만능 용액'인 셈이다.

하지만 이 문장을 신중하게 읽은 독자라면, 다윈을 인용함으로써 지지를 받으려고 데닛이 지적한 분야에 특정 분야가 제외되어 있음을 금방 눈치챌 것이다. 바로 데닛 자신의 전공 분야인 철학이다. 다윈주의가 정말로 데닛의 주장처럼 '만능'이라면, 다른 사람의 사상만이 아니라 자신의 사상도 용해하도록 허락해야 하지 않겠는가.

데닛이 철학을 비평의 대상에서 제외한 이유는 무엇일까? 이 질문에 대한 답은 생각보다 쉽다. 답은 최근 세간의 이목을 끈 철학의 근원이 되는 난해한 질문과 관련되어 있다. 자연선택은 진리를 선택하는가? 아니면 생존을 선택하는가? 많은 진화론자들은 "자연선택은 진리와는 상관이 없으며, 오로지 생식의 성공과만 관련되어 있다"라고 결론을 내린다.[30] 정말로 인간의 이성은 진리 탐구보다는 생존을 위해 고정된 것인가? 그렇다면 이것은, 새로운 무신론자들이 그토록 깊이 신뢰하는 '순수 이성'에 어떤 의미를 주는가?

히친스의 입장에서 인간의 자기 개발의 전제 조건은, 우리가 '선사시대를 넘어서'야 한다는 것이다.[31] 하지만 일부 현대 다원주의자들이 옳다면, 우리는 결코 선사시대를 넘어설 수 없을 것 같다. 마르크스·프로이트·다윈을 비롯한 많은 사람들이 우리로 하여금 인간 이성의 한계와 편향성에 관한 불편한 진실을 직면하지 않을 수 없게 만들었기 때문이다. 물론 언젠가 그들의 사상이 잘못된 것으로 밝혀질 수도 있겠지만, 어쨌든 지금은 그들의 지적을 외면해서는 안 된다. 정말로 이성이, 우리가 이해하지 못하는 사고와 행동 습관 속에 우리를 가두는 것은 아닐까? 우리가 순수 이성이라고 믿고 있지만 외적으로 드러나지 않은 사회적·잠재적 충동에 의해 형성되는 이성이 실제로는 우리의 과거와 잠재의식의 동기에 의해 조작된 것은 아닐까? 태생적인 인간의 선이라는 관념이, 단순히 생존 욕구가 남긴 흔적일까? 이런 불편한 질문들은 분명 민감한 논쟁거리지만, 우리의 이성을 삶과 사고의 궁극적 근거라고 선언하는 이들

이 결코 피해서는 안 될 것이다.[32]

종교가 비이성적이라는 주장에 대한 결론

이번 장에서 우리는 무신론에 찬성하여 이성에 호소하는 새로운 무신론의 몇 가지 측면들을 살펴보았다. 이런 주장에 대해 새로운 무신론자들은, 분명 그런 생각은 자신이 신에 대한 조악한 믿음으로 뒤죽박죽되어 있음을 보여 주는 빤한 헛소리에 불과하다고 주장할 것이다. 그러나 앞에서 펼친 주장의 핵심, 곧 타당한 합리성이라는 개념이 여럿이라는 사실을 아무런 거리낌 없이 받아들이는 사람들은 분명 존재한다. 그럼에도 새로운 무신론자들은 세상을 합리적인 사람과 비합리적인 사람으로 극단적으로 양분하려고 한다. 하지만 합리적인 사람이 되는 길이 그들이 주장하는 것보다 다양하다는 사실을 인정해야만 한다면, 어떤 일이 벌어질까? 그것이 참될 경우, 우리는 그들의 그런 단순한 이분법적 사고를 어떻게 해야 할까?

1960년대 초 유클리드 기하학을 배우며 유클리드 정의와 공리를 진지하게 공부하던 때가 떠오른다. 그런데 당시 유클리드의 방법이 기하학의 여러 가지 방식 중 하나라는 사실을 누구도 나에게 말해 주지 않았다. 물론 유클리드 기하학은 내적으로 매우 일관된 체계였지만, 어리석게도 나처럼 많은 이들이 유클리드의 기하학이 그런 류의 합리적 체계로 유일한 것이라고 생각했다. 니콜라이 로바체프스키(Nikolai Ivanovich

Lobachevsky)나 버나드 리만(Bernard Riemann) 같은 이들이 제시한 합리적이고 일관되고 체계적인 또 다른 방법들이 존재한다는 사실을 나처럼 많은 사람들이 나중에야 알았다.[33] 신을 믿지 않는 것은 합리적이고, 신을 믿는 것은 비합리적이라는 새로운 무신론의 천박하고 가벼운 주장은 다음과 같은 더없이 적절한 질문을 불러일으킨다. "당신의 주장은 어떤 합리성인가?"[34] 종교가 새로운 무신론의 교조적인 합리성 개념에는 일치하지 않을런지 모르지만, 세상에는 그것 외의 수많은 합리적 대안들이 존재한다. 그리고 신에 대한 믿음은 분명 그 가운데 하나다.

어쩌면 이것이, 새로운 무신론 운동 내부의 많은 이들이 과학에 호소하기를 더 선호하는 이유인지도 모르겠다. 우리는 이런 동향을 다음 장에서 살펴볼 것이다.

주

1) John Locke, *Works*, 10 vols. London: Thomas Tegg, 1823, vol. 8, p. 447.
2) Dante Alighieri, *The Divine Comedy: Paradise*, 2.56-8.
3) J. J. C. Smart and J. J. Haldane, *Atheism and Theism*, 2nd edn. Oxford: Blackwell, 2003. 이 책을 저술할 당시 Smart는 오스트레일리아 Monash University 명예 철학 교수로, Haldane은 스코틀랜드 Andrew's University 철학 교수로 재직하고 있었다.
4) Hume의 철학에서 확고한 신념의 중요성을 강조하는 최근 연구로는 Louis E. Loeb, *Stability and Justification in Hume's Treaties*. Oxford: Oxford University Press, 2002를 보라.
5) 예를 들어 Alvin Plantinga, 'Reason and Belief in God', in *Faith and Philosophy: Reason and Belief in God*, ed. Alvin Plantinga and Nicholas Wolterstorff. Notre Dame: University of Notre Dame Press, 1983, pp. 16-93를 보라.
6) 에든버러 국제 과학 축제(Edinburgh International Science Festival, 1992)에서 한 Dawkins의 강의에서 발췌. 이 강의는 "The Nullifidian"이란 온라인 잡지에 'Lions 10, Christian Nil'이란 제목으로 실렸다. <http://www.skepticfiles.org/nullif/v01i08.htm>

7) Isaiah Berlin, *Concepts and Categories: Philosophical Essays*. New York: Viking Press, 1979, pp. 2-5, 161-162.
8) Berlin, *Concepts and Categories*, pp. 114-115.
9) Terry Eagleton, 'Lunging, Flailing, Mispunching,' The God Delusion에 대한 서평. *London Review of Books*, 28/20, 19 October 2006.
10) Alvin Plantinga, *God and Other Minds: A Study of the Rational Justification of Belief in God*. Ithaca, NY: Cornell University Press, 1990.
11) James H. Olthuis, 'On Worldviews', in *Stained Glass: Worldview and Social Science*, ed. Paul A. Marshall. Lanham, MD: University Press of America, 1989, pp. 26-32.
12) Christopher Hitchens, *God Is Not Great: How Religion Poisons Everything*. New York: Twelve, 2007, p. 5.
13) M. Neil Browne and Stuart M. Keeley, *Asking the Right Questions: A Guide to Critical Thinking*, 8th edn. Upper Saddle River, NJ: Pearson Prentice Hall, 2007, p. 196를 보라.
14) 특히 Robert J. Louden, *The World We Want: How and Why the Ideas of the Enlightenment Still Elude Us*. Oxford: Oxford University Press, 2007

를 보라.
15) Richard Dawkins, *The God Delusion*. London: Bantam, 2006, p. 31.
16) 고전 시대에 Xenophone이 이런 주장을 펼쳤다. 이런 접근 방법의 현대적 기원은 Ludwig Feuerbach에서 시작된다. Van A. Harvey, *Feuerbach and the Interpretation of Religion*. Cambridge: Cambridge University Press, 1995를 보라.
17) Heinz Fastenrath, *Ein Abriss atheistisher Grundpositionen: Feuerbach, Marx, Nietzsche, Sartre*. Stuttgart: Klett, 1993를 보라. 이런 발전의 배경에 대해서는 Winfried Schröder, *Ursprünge des Atheismus: Untersuchungen zur Metaphysik-und Religionskritik des 17. und 18. Jahrhunderts*. Stuttgart-Bad Cannstatt: Frommann-Holzboog, 1998를 보라.
18) Hitchens, *God Is Not Great*. p. 8.
19) Hitchens, *God Is Not Great*. p. 10.
20) Hitchens, *God Is Not Great*. p. 102.
21) Iris Murdoch, 'The Sovereignty of Good over Other Concepts,' in *Existentialists and Mystics*, ed. Peter Conradi. London: Chatto, 1998, pp. 363-385.

22) 예컨대 Alister E. McGrath, 'Atheism and the Enlightenment: Reflections on the Intellectual Roots of the New Atheism', in *Mere Theology: Christian Faith and the Discipleship of the Mind*. London: SPCK, 2010, pp. 139-153를 보라.
23) 뛰어난 연구서로는 다음을 보라. Jeffrey Stout, *The Flight from Authority: Religion, Morality and the Quest for Autonomy*. Noter Dame, IN: University of Notre Dame Press, 1981; Maiken Umbach, *Federalism and Enlightenment in Germany, 1740-1806*. London: Hambledon Press, 2000; Gertrude Himmelfarb, *The Roads to Modernity: The British, French and American Enlightenments*. New York: Knopf, 2005; Jonathan I. Israel, *Enlightenment Contested: Philosophy, Modernity, and the Emancipation of Man, 1670-1752*. Oxford: Oxford University Press, 2008.
24) Rebecca Goldstein, *The Proof and Paradox of Kurt Gödel*. New York: Norton, 1995, p. 204.
25) 예를 들어 다음을 보라. Alasdair MacIntyre, *Whose Justice? Which Rationality?* London: Duckworth, 1988; Stephen Toulmin, *Cosmopolis: The Hidden Agenda of Modernity*. New York: Free Press, 1990; John Gray,

Enlightenment's Wake: Politics and Culture at the Close of Modern Age. London: Routledge, 1995.

26) William James, 'The Sentiment of Rationality', in *The Will to Believe and Other Essays in Popular Philosophy.* New York: Longmans, Green and Co., 1897, pp. 63-110.

27) 고전적 연구는 Bernhard Kopp, 'Die marxistishe Theorie von Überbau und Unterbau und ihre nicht-marxistishen Abwandlungen'. *Zeitschrift für philosophische Forschung* 22 (1968), pp. 575-597에서 그대로 이어진다.

28) 나는 여기서 18세기 후반 Johann Georg Hamann의 칸트 비판을 염두에 두고 있는데, 여기에는 '주체 인식아'(knower)가 문화적 상황에 의해 형성된다는 인식이 포함된다. Oswald Bayer, *Vernunft ist Sprache: Hammans Metakritik Kants.* Stuttgart: Frommann-Holzboog, 2002를 보라.

29) Daniel C. Dennett, *Darwin's Dangerous Idea: Evolution and the Meaning of Life.* New York: Simon & Schuster, 1995, p. 63.

30) Stephen P. Stich, *The Fragmentation of Reason: Preface to a Pragmatic Theory of Cognitive Evaluation.* Cambridge, MA: Mit Press, 1990, p. 62.

31) Hitchens, *God Is Not Great.* p. 283.

32) 내 의도는 이 문제에 대한 기독교적 견해를 탐구하는 것이 아니다. 하지만 해박한 독자는 신약 성경과 기독교 전통이 둘 다 이 점을 인정하고 정확하게 다룬다는 사실을 금방 깨달을 것이다. 우리는 명료하게 보고 생각하지 못한다. 우리에게는 조명과 은총이 필요하다. 히포의 아우구스티누스가 품은 이런 사상에 대한 고전적 논의에 대해서는 Robert J. Hardy, *Actualité de la révélation divine*. Paris: Éditions Beauchesne, 1974, pp. 60-68를 보라.

33) Jeremy Gray, *Ideas of Space: Euclidean, Non-Euclidean, and Relativistic*, 2nd edn. Oxford: Clarendon Press, 1989를 보라.

34) MacIntyre, *Whose Justice? Which Rationality?*에서 강조된 내용.

5. 종교는 비과학적이다

과학은 인간의 지적 탐구에서 엄청난 성공을 거둔 이야기다. 과학은 인간의 지식 가운데 가장 확실하고 신뢰할 만한 양식으로 널리 인정받고 있으며, 자신의 야망을 잘 알고 있는 겸손함으로 인해 선망의 대상이 되어 왔다. 과학자들은, 자신들이 모든 것을 해명할 수 없음을 잘 알고 있다. 자신이 할 수 있는 것이라고는 엄정하고 실험 가능한 연구를 통해 참되다고 밝힐 수 있는 것에만 해당하는 것임을 말이다.

과학의 본질

과학은 단지 세상의 형태와 과정을 있는 그대로 기술하려고 애쓸 뿐이다. 과학은 의미와 가치 판단의 문제에 대한 논평은 사양한다. 이것이 과학의 마땅히 할 바인데 그 이유는, 과학의 문화적·지적 권위가 결정적으로 윤리적·정치적·종교적 논쟁에서 절대 중립성을 지키는 데 그 토대를 두고 있기 때문이다. 이런 주장은 오래전 찰스 다윈의 막강한 지지자였던 토머스 헉슬리(Thomas H. Huxley)가 "신조를 받아들이면, 과학의 생명은 끝난다"라는 유명한 선언을 한 이후 줄곧 제기되어 왔다.[1] 헉슬리가 옳았다. 과학이 종교적이든 반종교적이든 근본주의자들의 볼모가 된다면, 과학의 지적 통일성은 물론이고 과학의 문화적 권위마저 무너지고 말 것이다.

어떤 의미에서 자연과학은 계몽주의의 기획 가운데 시간의 시험을 통과한 유일한 분야일 것이다. 실험 방법은 보편적 유효성을 갖고 있을 뿐, 연구자의 문화나 인종, 종교나 성(性)과는 아무런 관련이 없다.[2] 하지만 과학이 합리적인 조사 방법, 그 중에서도 관찰과 실험을 통해 얻은 치밀한 증거 축적을 가장 두드러지게 사용한다 하더라도, 때로 과학은 대단히 반직관적이고 철저히 비합리적인 발전(선택 보기를 여러 개 제시하는 양자 이론 같은)을 보여 주기도 한다. 아무튼 과학자가 해야 할 질문은 "이것이 합리적인가?"가 아니라, "이것이 참이라고 생각할 근거는 무엇인가?"이다.

여기에는 인간 합리성의 한계와 관련된 중요한 의미가 들어 있다. 물리적 우주의 기묘도(strangeness: 상호작용을 강하게 하는 소립자 사이의 복잡한 현상을 설명하기 위해 도입된 입자 고유의 양자수—편집자)가 우리가 예견할 수 있는 어떤 것이 아니라는 사실은, 합리성이 사후 발견과 관련된 문제이지 사전에 예상할 수 있는 문제가 아님을 분명히 보여 준다. 과학은 우주의 고유하고 특이한 본질에 자신의 사고를 조율하는 법을 배웠을 뿐, 그것이 어떤 형태인지 결코 미리 단언하지 않는다.

최근 유행하는 과학철학에 대한 연구는, 일련의 관찰 결과에 대한 '최선의 설명'을 찾아낼 때 과학적 발전이 일어난다고 지적한다.[3] 다음의 고전적 예가 이를 잘 예증해 준다. 아이작 뉴턴 경은 1687년 출간한 「수학적 원리」(*Principia Mathematica*)에서 달과 행성의 운동 및 (유명한 뉴턴의 사과처럼) 지상으로 낙하하는 물체의 원리를 설명하는 가장 만족스러운 방법은, 이른바 '중력'―끌어당기는 보이지 않는 힘―의 존재를 가정하는 것이라고 주장했다.[4] 사실 뉴턴은 당시 이 개념에 매우 회의적이었지만, 이것이 자신이 관찰한 세상에 대한 최선의 설명이라고 생각했다.

또 다른 경우의 과학적 발전에 대한 판단은 여전히 유보 상태라 할 수 있다. 예를 들어 양자 이론에 대한 두 가지 판이하게 다른 접근법―코펜하겐 학파의 방법과 데이비드 봄(David Bohm)이 발전시킨 또 다른 방법―은 모두 똑같이 명확하기에, 적어도 이론적으로는 과학자들조차 어떤 것이 옳은지 결정하지 못하고 있다.[5] 마찬가지로 우리가 단일 우주라고 생각해야 하는지, 아니면 '다중 우주'를 생각해야 하는지에 대한 최근의 논쟁에서도 증거가 서로 엇갈리고 있으며, 두 견해 모두 학문적인 근거를 충분히 갖고 있다.[6]

나아가 과학은 사물에 대한 최선의 이해를 끝없이 탐구한다. 오늘 사물이 보이는 방식은 지금부터 백 년 뒤에 사물이 보이는 방식과 다를 것이다. (백 년 전에 과학자들은 우주가 영원 전부터 존재했다고 생각했다. 그러나 이제 그런 믿음은, 우주가 빅뱅이라고 알려진 태초의 폭발에서 탄생했다는 전혀 다른 사상으로 대치되었다.[7]) 과학철학자 마이클 폴라니(Michael Polanyi)는, 과학자들은 자신이 믿고 있는 많은 것들 가운데 잘못된 어떤 것이 결국 밝혀질 것이라는 사실을 잘 알고 있다고 주장한 바 있다. 문제는 그 가운데 어떤 것이 틀렸는지 자신도 모른다는 것이다.

오늘날 대다수의 과학자들은, 다윈의 자연선택론이 우리가 관찰한 세상을 가장 잘 설명해 준다고 믿는다. 하지만 도킨스가 바르게 지적했던 것처럼, 다윈주의는 언젠가 잘못된 이론으로 밝혀질지도 모른다. "새로운 사실이 밝혀져 다음 세기의 후손들이 다윈주의를 완전히 폐기하거나 지금과는 판이하게 수정할 수도 있음을 우리는 인정해야 한다."[8] 여기서 분명히 해 두어야 할 사실이 하나 있다. 곧 과학 이론의 잠정적 성격을 겸허히 인정한다는 것이, 일종의 상대주의처럼 각 세대가 믿고 싶은 바를 임의로 선택할 수 있다는 의미는 아니라는 사실이다. 이론적인 판단은 증거에 기반을 두며, 증거가 계속해서 축적되면서 역사학자 토머스 쿤(Thomas Kuhn)이 말한 '패러다임 전환'(paradigm shift)—사물을 바라보는 방식의 근본적 변화—에 점차 다가가는 것이다.

물론 이상의 주장에 대해 과학철학계에서는 별다른 이견을 제시하지 않는다. 하지만 이 주제에 대해 토론했던 개인적 경험을 돌아보면, 특히 새로운 무신론 내부의 많은 일반인들은 과학을 지나치게 신봉하여 "과학이 모든 것을 증명할 수 있다"고 굳게 믿고 있다는 생각이 든다. 우리는 이 점을 조금 더 자세히 살펴볼 필요가 있다.

과학은 과학 이론을 '입증'하는가?

새로운 무신론 웹 사이트들은, 과학 이론이 오직 증거에 입각해 있다는 인상을 주는 반면, 종교는 증거를 철저히 외면한다고 기정사실화한다. 무신론은 합리적이고 과학적인 반면에, 종교는 비합리적이고 미신적이라는 리처드 도킨스의 주장을 전폭적으로 수용하고 있는 것이다. 그런데 도킨스의 말은 정말 신뢰할 만한 것인가?

도킨스는 줄곧 과학에는 믿음이 들어설 자리가 없다고 주장한다. 올바른 확신을 뒷받침하는 증거만이 우리로 하여금 진리를 받아들이도록 만들기 때문이라고 말이다. 도킨스는 이 문제에 대한 자신의 견해를 「이기적 유전자」에서 맨 처음 제시한 이후 한번도 바꾸지 않았다.

> (신앙)이란 입증할 만한 자료가 전혀 없는 상태에서 무언가를—그것이 무엇이든 상관없이—믿도록 이끄는 마음 상태를 말한다. 훌륭한 증거 자료가 있다면, 신앙은 굳이 필요하지 않을 것이다. 증거가 그것을 믿지 않을 수 없게 만들 것이기 때문이다.[9]

이런 주장이 명쾌하고 설득력 있게 들리긴 하지만, 사실 이 주장은 자연과학 안에서의 증거와 믿음의 관계에 관한 입증할 수 없는 하나의 견해일 뿐이다. 이런 견해는 '증거 자료의 완전한 부재'와 '결정적인 증거 자료의 부재'를 예리하게 구별하는 데 실패하기 때문이다.

예를 들어, 빅뱅이 단일 우주 혹은 여러 우주들(소위 다중 우주)을 만들어 냈는지를 놓고 천문학계에서 벌어지고 있는 논쟁을 생각해 보자.[10] 학계에는 단일 우주론을 지지하는 뛰어난 과학자들도 많고, 다중 우주론을 지지하는 탁월한 과학자들도 많다. 두 견해 모두 신중한 사고를 하는 진정한 과학도에게는 현실적인 선택안이다. 그들 모두 증거를 어떻게 해석하는 것이 최선인지를 판단해 결정을 내리고, 각자 자신의 해석이 옳다고 믿는다. 하지만 그것들 모두 증명은 불가능하다. 이상의 과정은 "훌륭한 증거 자료가 있다면, 신앙은 필요하지 않으며, 증거가 그것을 믿지 않을 수 없게 만들 것"이라는 도킨스의 대담한 선언을 결코 지지하지 않는다. 도킨스 자신은 다중 우주론을 확실히 믿는다. 하지만 다중 우주론을 지지하는 증거는 반대편으로 하여금―혹은 다른 누구라도―그 이론을 받아들일 수 있게 할 만큼 충분하지 않다. 다시 말해 과학은 결코 도킨스의 주장처럼 간단하지 않은 것이다.[11]

엄밀한 의미에서 '증명'은 논리와 수학에만 적용된다고 말할 수 있다. "전체는 부분보다 크다"는 것을 얼마든지 입증할 수 있듯이 2+2=4라는 사실 또한 얼마든지 입증할 수 있다. 그렇지만 '증명이 가능하다'는 것을 '진리'와 혼동해서는 안 된다. 앞서 살펴보았듯이, 뛰어난 수학자 쿠르트 괴델은, 우리가 제아무리 많은 추론 법칙을 만들어 낸다 하더라도, 그런 법칙들이 미치지 못하는 또 다른 유효한 추론이 언제나 존재한다는 사실을 증명해 냈다. 다시 말해, 진실임을 입증하지는 못하는 진실들이 분명 존재하는 것이다.[12] 이것이 갖는 철학적 함의는 매우 크다.[13]

과학적 탐구에서, 우리는 계속된 관찰을 통해 다음과 같은 질문들을 다루지 않을 수 없다. "관찰 결과를 설명하려면, 어떤 것이 진실이어야 하는가?" "실재의 '큰 그림' 중에 어떤 것이 가장 잘 들어맞는가?" 미국의 과학자이자 철학자인 찰스 퍼스(Charles S. Peirce)는, 과학자들이 이와 같은 실재에 대해 최선의 설명을 제시하는 이론을 만들어 내는 방식을 지칭하기 위해 '상정 논법'(abduction)이라는 용어를 사용한다. 최근 이 방법은 '최선의 설명을 위한 추론'으로 불린다.

이것의 고전적인 예를 우리는, 이제는 과학 역사에서 이정표로 공인 받는 찰스 다윈의 「종의 기원」에서 찾아볼 수 있다. 새로운 무신론 웹 사이트들은, 종종 다윈 자신이 자신의 이론을 증명해 냈다고 주장하면서, 이것을 종교의 '맹목적 신앙'과 비판적으로 대비시킨다. 하지만 다윈의 생각은 그들의 주장과 사뭇 다르다. 다윈은, 자신의 '자연선택' 이론이 생물학적 생명의 형태를 가장 명쾌하고 설득력 있게 설명한다고 믿었다. 하지만 다윈은 그것을 증명할 수 없음 또한 잘 알고 있었다.[14] 자신의 이론에 명백한 문제점이 있었기 때문이다.

무엇보다 '움직일 수 없는 증거', 즉 사람들로 하여금 일체의 반박할 여지없이 자신의 이론을 수용하게 만들 확실한 결정적 증거를 제시할 수 없었다. 자연계와 관련해 알려진 모든 것은 자연 변이설 같은 경쟁 이론들에 의해 충분히 설명될 수 있었다.[15] 뿐만 아니라 당대의 많은 과학자들로 하여금 다윈의 이론을 수용할 수 없게 만드는 또 다른 심각한 과학적 걸림돌과 난제가 있었는데,[16] 그 중에 가장 중요한 것은 유전자 희석

(genetic dilution) 문제였다.[17] 다윈은, 유전받은 특성이 다음 세대로 전달되는 과정을 설명해 주는 적절한 유전 이론을 갖추지 못했던 것이다.

하지만 이와 같은 만만찮은 난제들에도 불구하고 다윈은 자신의 이론이 옳고, 장차 그렇게 밝혀질 거라고 확신했다. 자신의 관찰 결과를 그처럼 명쾌하게 밝혀 주는 이론이 어떻게 틀릴 수 있겠느냐며 그는 자신의 이론에 대한 신뢰를 결코 굽히지 않았다. 물론 그의 이론에는 엉성한 결론과 숱한 문제점들이 있었다. 하지만 그의 핵심 사상은 그가 보기에 옳았다는 것이다. 물론 그것을 증명할 수는 없었지만 말이다.

> 많은 독자들은 여러 가지 의문들을 제기할 수 있을 것이다. 그 중에는 너무나 심각한 나머지, 지금 생각해도 깜짝 놀라지 않을 수 없는 문제들도 있다. 하지만 나의 최선의 판단에서 볼 때, 그 문제가 많은 부분은 겉으로만 그렇게 보일 뿐, 내 이론에 치명적이지 않다는 것이 내 생각이다.[18]

이런데도 과학이 이론을 증명한다고 그처럼 쉽게 말할 수 있을까! (논리나 수학과는 반대로) 과학이 증명할 수 있고, 또 증명한 일들이 분명 존재한다. 예컨대 물의 화학 공식이 H_2O라는 것, 또 지구에서 달까지 평균 거리가 약 384,500킬로미터라는 것 등이 그렇다. 하지만 이런 것들은 세상에 관한 가장 기본적인 사실일 뿐이다. 중대한 과학적 질문은 우주의 기원, 에너지와 물질의 본질에 관한 개념과 관련되어 있고, 그것들 중에서도 가장 중대한 질문은 바로, "모든 것을 설명해 주는 대통합 이론이 존재하는가" 하는 것이다. 우리는 이런 질문들에 대해, 우리가 입수한 최상의 증거를 통해 입증할 수 있는 신념이 담긴 훌륭한 대답을 제시할 수 있다. 그럼에도 우리가 줄 수 있는 답은 결코 최종적인 답은 아니다. 왜냐하면 오늘 과학자들이 믿고 있는 것을 미래의 과학자들이 믿고 있으리라고 누구도 확신할 수 없기 때문이다. 그렇기 때문에 표준적인 과학 교과서들은 과학을 다음과 같이 매우 지당하게, 그리고 올바르게 강조한다. "과학은 믿음에 기반을 두고 있다."[19]

사람들은 대부분 이런 사실을 중요시하지 않는다. 하지만 믿음은 분명 마땅히 인간의 삶의 한 부분이고, 다른 분야와 마찬가지로 과학에서도 중요한 역할을 한다. 그럼에도 새로운 무신론자들은, '믿음'이 망상에 빠진 어리석은 종교인들의 전유물이자 일종의 지적인 억지를 뜻한다는 이유로, 이 단어를 혐오한다. 믿음이란 재고의 여지없는 맹목적인 믿음일 뿐이라고 말이다. 그렇지 않다! 신념은 분명 복잡한 세상을 이해하는 인간의 일반적인 방식 중 하나다. 철학자 줄리아 크리스테바(Julia Kristeva)의 주장처럼 "내가 어떤 종교에 소속되어 있든, 내가 불가지론자든 무신론자든, '나는 믿는다'라고 말할 때, 그 말은 나는 '진리를 붙들고 있다'라는 뜻이다."[20]

요컨대 과학은 우리에게 어떤 것이 진리라고 믿을 만한 어떤 근거를 마련해 준다. 동시에 과학은, 미래 세대가 정당하게 이런 신념에 이의를 제기할지 모른다는 사실을 인식해야 한다고 주장할 또 다른 근거도 마련해 준다. 과학이 성공을 거둔 이유가 바로 여기에 있다. 과학은 새로운 증거에 맞춰 기꺼이 사고방식을 바꾼다. 그렇다면 과학적 방법 너머에 있는 일들에 대해서는 어떤가?

과학의 한계

자연과학의 접근 방식은 실증적이다. 다시 말해 자연과학은 세상을 연구할 때 관찰과 실험에 의존한다. 하지만 실증주의는 원칙상 관찰 가능한 세계 너머에 있는 현실에 대해서는 어떠한 추론도 하지 않는다. 명망 높은 과학철학자 바스 판 프라센(Bas van Fraassen)은 이 점을 다음과 같이 명쾌하게 지적했다.

> 실증주의자가 된다는 것은 관찰 가능한 현상을 벗어나는 어떤 것에 대한 믿음을 유보하고, 또 자연 안의 어떤 객관적 양태도 섣불리 인정하지 않는다는 뜻이다. 과학의 실증적 설명을 발전시키려면, 과학을 오직 실증적 세계, 즉 관찰 가능한 실재에 관한 진리 탐구와 관련된 것으로 묘사해야 한다.…과학은 관찰 가능한 자연 과정 속의 규칙성을 관찰 가능한 것 너머에 존재하는 실재에 관한 진리를 통해 설명하라는 요구를 단호히 그리고 일관되게 거부한다.[21]

이렇듯 '관찰 가능한' 것에 대한 강조가 과학에 과학의 고유 정체성을 부여한다. 그리고 이것이 과학의 한계 또한 규정한다.

새로운 무신론에 열광하는 추종자들―매우 유감스럽게도 그들 대다수는 과학 역사나 철학에 대해 놀라울 정도로 무지하다—과 논쟁하면서, 나는 그들을 분노하게 만드는 쉬운 방법을 하나 발견했다. 바로 과학은 결코 인생의 여러 중요한 문제에 대한 답을 주지 못한다고 말하는 것이다. 내가 이렇게 말하면, 그들은 보통 내가 "뻔한 종교적 반계몽주의"를 퍼뜨린다느니, "반과학적 헛소리"를 지껄인다느니 하며 온갖 악담을 쏟아 놓는다. 이렇게 매우 열성적인 이들에게 리처드 도킨스의 글은 경전과 같기에, 나는 도킨스 자신이 과학의 도덕적 한계를 다음과 같이 올바르게 강조했다는 사실을 기쁜 마음으로 알려 주고 싶다. "과학은 무엇이 윤리적인지 결정할 수단을 갖고 있지 않다."[22] 도킨스가 이런 말을 했다는 걸 그 추종자들이 알았다면, 무슨 생각이 들까? 사실 그들은 리처드 도킨스에 대해서도 알고 있는 바가 많지 않았던 것이다.

'과학주의'—흔히 '과학 제국주의'라고 풀이되는[23]—라는 어설픈 단어는, 과학이 우리의 모든 문제를 해결하고, 인간의 본성을 규명해 주고, 도덕적으로 선한 것이 무엇인지 말해 줄 것이라는 견해를 가리킨다.[24] 과학주의는, 우리가 알거나 혹은 알아야 할 모든 것을 과학적인 방법으로 입증하거나 부정할 수 있다고 주장한다. 과학적으로 입증할 수 없거나 부정할 수 없는 것은 모두 일개 개인의 의견이나 신념으로, 최악의 경우에는 망상이나 환상 정도로 간주된다. 내가 아는 한 과학 제국주의를 수용하는 자연과학자는 거의 없다. 그러나 과학주의는 한편으로는 소수의 철학자들이나, 다른 한편으로는 그보다 훨씬 많은 통속적 '과학 무신론' 지지자들에게 무척 매력적으로 보일 것이다.

자연과학의 정당한 범위 너머에 있는 두 가지 사고 영역 중 대표적인 것이 가치와 의미라는 비실증적인 개념이다. 가치와 의미는 그런 수치로 나타낼 수 있거나, 자연 상수처럼 측정될 수 있는 것이 아니다. 철학자 힐러리 퍼트넘(Hilary Putnam)이 옳게 주장한 바와 같이 "윤리학적으로 공정한 것"이 존재하기는 하지만, "우리가 물리학에서 올바른 결과를 얻는 것 같은 방식"으로 윤리적 사고의 모델이 존재한다고 생각해서는 안 된다.[25] 18세기 이후 과학이 도덕적 가치를 만들어 낼 수 있다고 논증하려는 사람은 누구나 그 과정에서 지적으로 어마어마한 걸림돌을 만나게 될 것이라는 사실은 이제 매우 보편화되었다. 이것의 가장 대표적인 사례가, 관찰된 사실에서 도덕적 가치를 추론하는 것은 사실상 불가능하다는 것이다.

그러나 새로운 무신론의 유명 인사 샘 해리스는 자신의 가장 최근 저서 「도덕의 풍경」(*Moral Landscape*)에서 이와는 정반대되는 주장을 펼친다.[26] 그의 주장을 거칠게 요약하면 다음과 같다. 도덕적 가치는 인간의 복지 증진과 관련되어 있다. 무엇이 복지를 향상시키는지를 과학이 알려 주기 때문에, 과학은 도덕적 가치를 결정할 수 있다. 신이나 종교 따위는 전혀 필요하지 않다. 과학은 우리에게 무엇이 옳은지 말해 줄 수 있다. 그렇다면, 철학자들이 알고 있는 이 중대한 문제라는 것은 이런 식의 접근 방식과 어떻게 결합되어 있을까?[27] 하지만 해리스는 이런 문제들은 고스란히 묻어 두고, 이 논쟁에 대해 조금이라도 아는 사람들이 자신이 이 문제를 다루지 않았음을 알아채지 못하기를 바란다.[28] "더 대중적인 청중"에게 다가가려는 의도로 자신의 입장에 필요한 심각한 철학적 논의를 회피한 결과, 해리스는 윤리적 토대라는 측면에서 매우 심각한 결함이 있는 엉성한 견해를 낳고 만 것이다.

나의 동료 무신론자들 중 많은 이들은, 해리스가 종교를 겨냥한 비난을 중단하고, 대신 적극적인 사고를 진지하게 펼치기를 바라며 새로운 무신론이 신앙을 겨냥한 분노 외에 다른 일들도 잘 할 수 있음을 보여 줘야 한다고 말한다. 그러나 유감스럽게도, 해리스는 옛 습관을 고치지 못했다. 그는 최근 자신의 입장에 대한 반대를 제대로 다루는 데 사용했어야 할 책의 한 장(章) 전체를, 아무런 쓸모도 없는 종교 비판에 할애해 버렸다. 이번 책에서는 반드시 했어야 할 일이었는데 말이다. 새로운 무신론자들은 종교를 비난하는 일에만 열중하지 말고, 신앙에 입각한 가치관을 대체해 지지할 수 있는 긍정적인 대안적 가치관을 적극 제시해야 할 것이다.

종교는 신의 존재, 삶의 의미와 가치의 본질 같은 과학적 방법의 범위 너머에 있는 질문들을 다루며, 이런 질문들은 합리적인 논쟁에 모두 열려 있다. 반면 이런 질문들이, 실증적 개념이 아니라는 점에서 과학적 분석이 이 질문에 열려 있는지는 매우 의문스럽다. 이 점에서 면역학 연구로 노벨 의학상을 받은 피터 메더워(Peter Medawar) 경의 결론은 주목할 만하다. 메더워 경은 '초월적인' 질문과 물질적 우주의 구성 및 조직에 관한 질문을 구분하며, 초월적인 질문은 종교와 형이상학의 몫으로 남겨 두는 것이 최선이라고 말한다. 그는 "과학이 대답할 수 없고, 또 아무리 과학이 진보하더라도 해결할 수 없는 질문들이 존재할 것이다"라는 사실을 감안할 때, 과학에 한계가 존재할 "가능성이 무척 높다"고까지 말한다.[29] 메더워 경은 그런 종류의 문제로 다음과 같은 질문들을 언급한다. "왜 우리는 여기 존재하는가?" "삶의 목적은 무엇인가?" 이런 질문들은 실존적인 질문으로서, 우리는 이러한 질문에 대한 대답을 추구해야 한다. 그러나 엄밀하게 적용된 과학은 이런 질문에 대한 답을 찾는 데 거의 도움이 되지 않는다. 그 답을 찾기 위해서는 다른 곳을 찾아봐야 한다.

새로운 무신론자들은 과학을 무신론으로 가는 지성의 고속도로로 간주한다. 그렇지 않다. 과학이 무신론과 공명하는 만큼, 과학은 기독교 신앙과도 공명한다. 사실 나의 이런 주장이 사물에 대한 '과학적' 견해를 제시한다고 주장하는 일부 종교적 방법론자들에게는 매우 도전적인 말로 들릴지도 모르겠다. 하지만 과학 자체는 유신론에 대해 중립적임은 매우 분명하다. 과학이 과학적 방법이기를 포기하거나, 철학적인 형이상학 세계에 빠져들지 않는다면 말이다.

종교의 원수인 과학

지금까지의 논의를 돌아볼 때, 신은 과학적 방법의 범위 밖에 존재하는 것 같다. 어떤 의미에서 과학은 신의 존재를 인정할 수 있는 권위를 갖고 있지 않다. 하버드 대학교의 탁월한 진화생물학자 스티븐 제이 굴드(Stephen Jay Gould)가 바르게 지적했듯이, "과학은 신의 자연 개입 가능성 문제에 대해 (정당한 방법으로는) 어떤 판정도 내릴 수 없다. 과학은 신을 긍정하지도, 부정하지도 않는다. 우리는 과학자로서 이 문제에 대해 왈가왈부할 수 없다."[30] 그러나 도킨스를 비롯한 새로운 무신론자들은 이 문제에 대해 지나치게 많은 말을 해 왔다. 이는 그들이 과학자로서가 아니라, 전투적인 무신론자로서의 역할에 충실하려고 했기 때문일 것이다.

하나의 신앙으로 자리 잡은 '과학적 무신론'의 기원이 18세기까지 거슬러 올라갈 수 있다는 것이 많은 학자들의 일반적인 생각이다.[31] 반면에 새로운 무신론자들은 자연과학에 의거하여 자신들의 무신론적 입장을 수호함으로써, 자신들에게 새로운 중요성과 의미를 부여하려고 한다. 앞에서 보았듯이 새로운 무신론의 세계관에 의하면, 과학은 진리로 입증할 수 있는 것을 다루는 반면, 종교는 사실을 외면한 채 믿을 수 없고, 비윤리적인 청동기 시대의 케케묵은 신화에서 위안을 찾는다.

예를 들어 보자. 크리스토퍼 히친스는, 사람들이 종교적 도그마로 인해 지구가 평평하다고 믿었다고 주장한다. 그러나 역사학자들은, 거의 모든 중세 시대의 기독교 학자들이 오래전에 지구가 둥글다고 인정했다는 사실을 들어 이런 주장의 터무니없음을 지적했다.[32] 실제로 기독교 학자들이 지구가 둥글다는 사실을 얼마나 잘 알고 있었던지, 지구의 둘레를 어림잡아 계산하려는 사람들이 있었을 정도였다. 종교가 평평한 지구를 강요했다는 괴담은 19세기 후반에 등장한 것으로 이제는 폐기해야 할 주장일 뿐이다!

새로운 무신론자들이 단지 과학과 종교 사이의 '전쟁'이라는 문화적 고정관념을 반영하고 있을 뿐이라는 비판 또한 매우 적절하다. 실제로 새로운 무신론자들은 이런 고정관념에서 자신들의 정당성을 확보하려고 한다. 흔히 학문적으로 '갈등 이론'이라 불리는 이런 생각은 빅토리아 시대 잉글랜드에서 일어난 엄청난 사회 변화에 기원을 두고 있다. 19세기 초반 영국의 과학자들은 대부분 성공회에서 서품을 받은 성직자들이었고, 그들은 신앙과 과학적 방법 사이에 아무런 갈등을 느끼지 않았다. 시간이 흐르면서 과학자들이 교회—혹은 어떤 종교 기관이든—로부터 독립성을 확보하는 것이 점차 중요해졌다. 과학자들이 지적 탐구와 가치를 형성하는 과정에서 성직자이자 과학자인 이들에게서 문화적·전문적 권위를 빼앗아 오기 시작하면서, 이 일은 문화 권력이라는 차원에서 중대한 변화를 초래했다.[33]

일부 새로운 무신론자들의 생각과는 달리, 과학과 종교가 서로 전쟁 중이라는 생각은 진화론에 관한 논쟁과는 아무런 관련이 없다. 사실 이런 생각은 존 드레이퍼(John Draper)의 「종교와 과학의 갈등의 역사」(*History of the Conflict between Religion and Science*)와 앤드류 화이트(Andrew White)의 「신학과 과학의 전쟁사」(*History of the Warfare of Science with Theology*) 같은 엄청난 논쟁을 불러일으킨 통속적 저작들로 인해 19세기가 되어서야 생겨난 것이다. 이 논쟁적인 책들은 역사적 증거를 교묘하게 조작해 과학자들을 끔찍하고, 교활하고, 억압적인 가톨릭 사제들에 맞서 진리를 수호하려고 몸부림치는 교양 있고, 정직하고, 합리적이고, 영웅적인 희생자로 그렸다.

오늘날 역사적 오류와 더불어 이데올로기적 편견으로 인해 널리 회자되는 이 두 저작은 무신론 사상에 깊은 영향을 미쳤다. 예컨대 버트런드 러셀(Bertrand Russell)은 자신의 「서양 철학사」에서 두 자료를 무비판적으로 인용한다. 그들의 경박하고 피상적인 역사 이해에도 불구하고(어쩌면 그것 때문에), 그들은 과학과 종교가 서로 대립된다는 통속적인 고정관념을 형성했고, 이 고정관념은 주로 대중매체의 무비판적 반복을 통해 지금도 계속 이어지고 있다.

'갈등' 모델은 억압적으로 설득당하지 않던 대중에게 과학의 힘을 빌려 국가가 공식적으로 무신론을 강요하려 했던 구 소련의 기반이 되기도 했다. 이 과정을 연구하던 중 나는 대략 1931년 즈음에 찍은 변증법적 유물론의 과학적 토대에 대한 연구와 선전을 위해 설립된 티미랴제프 과학 연구소 도서관의 사진을 입수했다.[34] 본래 생물학 연구를 위해 세워진 이 연구소는 과학의 힘을 빌려 종교를 말살하려 했던 구 소련의 무신론적 선봉대 역할을 담당했던 기관이었다. 그 사진은 도서관 벽에 다음과 같은 문구가 새겨 있는 커다란 현수막을 담고 있었다. "종교와 벌이는 전투의 최전선!"

그러나 스탈린의 방법은 결코 성공하지 못했다. 신에 대한 믿음은, 그가 죽은 1953년의 소련에 여전히 만연해 있었고, 그에 따라 이듬해 공산당은 "학과 과목(역사, 문학, 자연과학, 물리, 화학 등)의 교수법에 무신론이 철저히 배어 있어야 한다"고 명하는 공세적인 세뇌 정책을 실시할 수밖에 없었다.[35] 소련의 학교 교과서는 "종교는 광적이고 왜곡된 세상의 거울이다" 혹은 "종교는 대중을 영적으로 속박하는 수단이다" 같은 단순한 구호들을 통해 종교의 해악을 지속적으로 강조했다. 하지만 종교를 공격하는 무기로 과학을 이용하는 이런 대대적인 사회 조작 프로그램이 거둔 성과란, 1990년대 소련의 몰락 이후 신에 대한 믿음이 다시 대대적으로 부활할 수 있는 토대가 되어 준 것뿐이었다.

수많은 과학 역사가들은, '갈등 이론'이 역사적으로 전혀 근거가 없는 낭설이었음은 1970년대에 이미 입증되었다고 생각한다.[36] 무엇보다 통속적인 무신론 선전에서 갈등 이론의 결정적 토대가 되었던 신화는 실제로 철저히 해체되었다.[37] 그리고 최근 대중 문화는 역사와 문화의 얽히고설킨 복잡함을 분별력 없는 구호와 고정관념으로 단순화하기보다 그 복잡성과 기꺼이 겨루어 보려는 경향으로 점차 강화되고 있다. '과학'과 '종교'가 매우 복잡하고 다양한 신념과 관행, 그리고 커뮤니티를 포괄하는 단어라는 사실을 이제는 많은 사람들이 알고 있다. 정밀하지 않은 일반화는 그 자체가 매우 위험하다는 사실을 모르는 사람은 이제 거의 없게 되었다.

앞에서 우리는, 새로운 무신론자들이 종교의 본질과 영향에 대한 방대한 연구 성과들을 철저히 무시한다는 사실에 주목했다. 이와 같은 그들의 행태는 과학사와 과학철학에서도 마찬가지다. 새로운 무신론자들이 이런 문헌들을 진지하게 받아들이지 않는 이유는 무엇일까? 비판자들의 눈에 최소한 백 년은 뒤떨어진 자료에서 벗어나지 못하고 있는 이유 말이다.

물론 일부 종교 사상가들과 일부 과학자들 사이에 심각한 갈등이 존재해 왔다. 이런 갈등은 언제나 존재해 왔고, 앞으로도 존재할 것이다. 하지만 상승작용과 공명, 그리고 대화와 공생의 가능성 또한 가능하다. 무엇보다 오늘날은 어느 때보다 더욱 그런 것 같다. 그럼에도 새로운 무신론자들은 형이상학과 종교적 질문에 관심을 가진 과학자들이 점점 늘어나는 현상에 불만을 토로하며, 그런 사람들을 적과 내통한다는 식으로 매우 잔인한 표현을 사용해 비난한다.[38] 하지만 그것은 역사적으로 전혀 근거가 없는 '갈등' 모델에 집착할 때에만 일어날 수 있는 형태다. 이제는 이렇듯 근거 없는 철 지난 확신을 버려야 할 때가 아닐까.

실제로 이런 일이 조금씩 일어나고 있다. 2008년 리처드 도킨스는 과학에 대한 지지와 종교에 대한 조롱을 결합한 자신의 전투적인 무신론 사상으로 인해 논란의 대상이 되었던 옥스퍼드 대학교의 대중의 과학 이해를 위한 찰스 시모니 석좌 교수직에서 사임했다. 수학자 마커스 드 사토이(Marcus du Sautoy)가 그 자리를 이어받자, 기자들은 공통의 관심사였던 질문 한 가지를 그에게 던졌다. 과연 그가 도킨스의 선례를 따라, 그 자리를 무신론을 선전하기 위한 개인의 강단으로 만들 것인가? 이 질문에 대한 드 사토이의 대답은 명쾌하고 분명했다. 그는, 자신이 무신론자이긴 하지만 반종교 논쟁에 몰두할 생각은 결코 없으며, 자신의 임무는 과학을 알리는 것이고, 자신은 열정적으로 그 일을 수행할 것이라고 답했다.[39]

이런 답변은 도킨스 웹 사이트의 일부 사람들로부터 분노를 샀다.[40] 이런 사람이 어떻게 진정한 과학자란 말인가? 왜 그는 마땅히 도킨스가 받아 마땅한 영예를 돌리지 않는가? 만약 그가 진정한 과학자라면, 종교를 쓰레기통에 던지는 일에 앞장서야 한다! 그의 선택은 이런 자리에 어울리지 않는다! 만약 그가 정말로 대중의 과학 이해를 증진시키려 한다면, 그는 합리성을 거부하는 종교를 끊임없이 공격해야 한다. 그의 곁에서 도킨스가 종교에 관한 진리를 말해 줄 수 있어서 천만다행이다. 이 신참이 분명 자신의 임무를 감당하지 못할 테니 말이다…. 하지만 드 사토이의 태도는 상식을 회복하는 의미 있는 결단이었다. 이 중요한 분야에서 마침내 교양 있는 대화가 갈등과 조롱을 대신할 것이라는 희망이 이제야 싹을 틔우고 있는 것이다.

과학과 종교의 대전환 시대

과학과 종교의 관계는 20세기 후반에 근본적으로 바뀌었다. 새로운 무신론 운동의 선동가들은 지금도 과학의 발전과 진보가 신에 대한 믿음을 근본적으로 허물었다고 선언한다. 하지만 그것은 사실이 아니다.

20세기 처음 몇십 년은 영원한 우주에 대한 과학적 믿음이 지배적이었다. 우주는 언제나 존재해 왔다. '창조'에 대한 종교적 언어는 최첨단 과학 지식과 공존할 수 없는 신화적 헛소리일 뿐이었다.

이런 믿음은 1948년에 두 명의 선도적 영국 철학자였던 무신론자 버트런드 러셀과 기독교인 프레드릭 코플스턴(Frederick Copleston)이 벌인 탁월한 논쟁에서 중요한 역할을 했다. 지금까지 이 논쟁은 이 문제에 대한 고전적 사례로 널리 인정받고 있다.[41] 러셀은, 지금까지의 과학적 합의가 신에 대한 모든 질문을 단번에 폐기할 수 있을 만큼 충분하다고 생각했고 그렇게 주장했다. 우주는 늘 그렇게 존재해 왔고, 무엇이 우주를 생성시켰는지에 대해 고민할 아무런 이유가 없다고 말이다.

하지만 1948년 이후 상황이 변했다. 1960년대에 이르러 우주에 어떤 시작점, 즉 빅뱅이 있었다는 주장이 점차 많은 과학자들 사이에서 공인된 것이다.[42] 물론, 이런 주장이 '종교의' 가능성을 지지하는 것으로 이용될 수 있음을 우려한 천체물리학자 프레드 호일(Fred Hoyle) 같은 일부 무신론 과학자들은 이런 생각에 크게 반발했다. 하지만 이런 편견은 빅뱅을 지지하는 많은 증거들에 의해 기각당하고 있다. 우주의 기원에 대한 새로운 이해가 기독교의 창조 교리와 깊이 공명한다는 것은 오늘날 부인할 수 없는 분명한 사실이다.

1998년 논쟁 50주년을 맞아 러셀-코플스턴 논쟁이 재연되었다. 그 주인공은 두 명의 선도적 철학자인 기독교인 윌리엄 레인 크레이그(William Lane Craig)와 당시만 해도 무신론자였던 앤터니 플루였다.[43] 오늘날 많은 이들이 코플스턴의 직계 후계자로 여기는 철학자 크레이그는 그 논쟁에서 다음과 같은 논리를 전개했다.

대전제: 시작이 있는 모든 존재에는 원인이 있다.
소전제: 우주의 존재에는 시작이 있었다.
결론: 따라서 우주에는 원인이 있다.

1948년이었다면 철저히 거부되었을 소전제가, 이제는 사실상 거의 모든 과학자들이 대전제보다 훨씬 더 중요할 수도 있다고 받아들이는 이례적인 상황이 되었음을 우리는 주목할 필요가 있다. 플루는 이 대목에서 상당한 어려움을 겪었고, 이전 세대의 무신론 변론가들이 타당성을 갖고 사용했던 전략을 동원할 수 없었다. 2010년 죽음을 맞기 전, 몇 년 동안 플루는 이제 자신은 신을 믿는다고 공개적으로 선언했다. 그는 이전의 무신론적 입장에서 벗어나, 이신론의 한 부류로 규정할 수 있는 입장을 취한 것이다.[44]

이처럼 과학적 합의의 근본 변화가 신에 대한 논쟁의 분위기를 완전히 바꾸어 놓았다. 이것과 함께 중요한 것은, 우주가 생명에 적합하도록 '정교하게 조율'되었다는 인식이 점차 더 확산되고 있다는 사실이다.[45] 우주 창조의 방정식에서 자연의 기본 상수가 우리의 존재를 가능하게 해 주는 특정 값으로 고정된 것이다. 사실 프레드 호일은 이런 현상과 더불어 그것의 명백한 유신론적 의미를 간파한 첫 번째 사람들 가운데 한 명이었다. 그는 이 사실을 이렇게 고백했다. 마치 "어떤 초지성적 존재가 화학·생물학을 비롯해 물리학을 가지고 작업을 한 것 같다. 또한 언급할 가치가 있는 것 가운데 어떤 우연한 힘이란 자연에 존재하지 않는 것 같다."[46]

사실 정교한 조율이 입증해 주는 것은 아무것도 없지만, 이것은 한 가지 중요한 점에서 우리에게 시사하는 바가 크다. 그것은 바로 정교한 조율이 기독교적 사고와 깊이 공명한다는 사실이다.[47] 21세기 초의 우주론은 분명 1세기 전의 우주론보다 기독교 신앙에 훨씬 더 우호적이다.

과학과 이성에 관한 몇 가지 결론들

그렇다면 이성과 과학에 대한 이런 반성은 우리를 어디로 이끄는가? 이성과 과학이 우리에게 해줄 수 있는 이야기가 많지만, 이성이나 과학이 결코 답을 주지 못한다 하더라도 우리는 얼마든지 건전하고 의미 있는 질문을 던질 수 있으며, 또한 이성과 과학이 적절한 답을 주지 못할 때, 우리가 다른 곳에서 그 답을 찾으려 하는 것은 너무나 당연한 것이다. 만약 새로운 무신론의 주장이 다른 것들을 판단하는 잣대가 되려면, 새로운 무신론은 합리적이고 과학적으로 입증 가능한 영역에 자신 또한 제한해야 마땅하다. '미신'이라고 명명한 그것에서 벗어나려는 새로운 무신론의 연구는, 결국 자신이 만들어 덧씌운 새장 안에 인간을 가두고 만 것이다.

그러면 인간의 실존과 도덕이 그곳에 서식할 수 있을까? 과거 18세기에는 그렇다고 여겼을지 모른다. 하지만 이사야 벌린 경의 말처럼, 18세기 후반 이후 서구 문화의 지배적 분위기는 "이성과 질서를 영혼의 감옥으로 보고 거부"하는 것이었다.[48] 이성과 과학이 증명할 수 있는 것에만 실재를 국한시키려는 것은, 실재의 겉만을 훑으면서 그 밑에 숨은 심연을 발견하지 않으려는 것과 같다. 빅토리아 시대[49]에, 그리고 그 이후 J. R. R. 톨킨(Tolkien)과 C.S. 루이스의 동화와 같은 판타지 문학이 등장한 데에는 이처럼 과학적 합리주의가 실존적으로 적합하지 못하다는 확신의 상실이 깊이 반영되어 있는 것이다.

2007년 말 리처드 도킨스와 옥스퍼드 대학교의 수학자 존 레녹스

(John Lennox)가 앨라배마에서 만났다.[50] 광범위한 주제를 다루는 흥미로운 논쟁을 열어, 새로운 무신론 진영에서 제기하는 대부분의 질문들, 특히 과학과 신앙과 관련된 질문들을 탐구하기 위해서였다. 그리고 논쟁 이후 기독교 온라인 커뮤니티들은 그 토론에서 레녹스가 이겼다고 확신했다.

새로운 무신론 온라인 커뮤니티들도 마지못해 동일한 결론을 내렸다. 레녹스의 뛰어난 논쟁 솜씨와 새로운 무신론의 핵심 사상이 합리적이고 과학적인 토대 위에서 너무나도 무기력하게 반박당할 수 있다는 사실에 그들은 큰 충격을 받았다. 하지만 더 의미 있는 결실은, 이성과 과학이 실제로 무신론이 아니라 신의 존재를 지지할 수도 있음을 많은 사람들이 인식하기 시작했다는 것이다. 믿음직스런 동맹군이라고 여겼던 존재가, 사실 자신들의 편이 아니었다는 것이 드러난 것이다. 리처드 도킨스 웹사이트에 올라가 있는 깊이 상심한 다음 댓글이 이런 분위기를 역설적으로 잘 묘사해 준다.

모든 사람들이, 이런 식의 논쟁이 언제나 같은 방식으로 끝나고 마는 데 놀라는 이유는 무엇인가? 도대체 왜? 왜 우리는, 광신도들이 나아지기를 바라는가? 나는 이제 우리가 할 수 있는 최선은 그들을 향해 그냥 소리를 지르는 거라고 믿는다. "이 바보들아, 이 멍청이들아, 이 머저리들아!" 이런 고함은 이성과 논리보다 분명 효과적일 것이다. 이성과 논리는 그들에게는 어울리지 않는다. 이제부터 나는 그들에게 소리나 지를 것이다.[51]

이 블로거는, 레녹스를 이성적으로 그리고 과학적으로 설득하는 데 실패했을 뿐 아니라, 그것이 유신론을 지지하는 것 같다는 데 매우 큰 충격을 받은 것 같다. 그렇다면 이제 그들이 할 수 있는 일이란 무엇일까? 레녹스를 비롯한 다른 이들에게 고함을 지르면서 머저리라고 조롱하는 게 최선이다. 논쟁에서 이길 수 없거든, 소리를 질러 묵살하라! 많은 비판적 관찰자들은, 대다수 새로운 무신론자들이 논쟁에서 보여 주는 모습이 실제로 이와 같다고 생각한다. 그리고 안타깝게도 실제로 새로운 무신론의 많은 논객들은, 무례하고 거친 모독이 증거에 입각한 논증보다 훨씬 효과적이라고 생각하고 있다. 어쩌면 이것은 새로운 무신론의 지적인 빈약함에서 기인하거나, 현대 서구 문화의 삭막한 현실에서 기인한 것인지도 모르겠다. 아니면 둘 다이거나.

새로운 무신론 커뮤니티 안에서조차 이런 점을 어렴풋이 의식하고 있음이 분명하다. 새로운 무신론의 치어리더들은, 이성과 과학이 반박할 수 없는 견고한 무신론의 토대를 제공한다고 주장하면서 이성과 과학을 신뢰하라고 여전히 촉구하고 있다. 하지만 이 운동 내부의 자유 사상가들은, 자신들의 신념이 너무나 빈약하다는 사실을 깨닫고 있다. 한때는 자신들이 매우 지적이라고 확신했는데 말이다.

주

1) Thomas H. Huxley, *Darwiniana*. London: Macmillan, 1893, p. 252.
2) Hugh G. Gauch, *Scientific Method in Practice*. New York: Cambridge University Press, 2003, pp. 1-110.
3) 최고의 연구는 Peter Lipton, Inference to the Best Explanation, 2nd edn. London: routledge, 2004이다.
4) Mary B. Hesse, *Forces and Fields: The Concept of Action at a Distance in the History of Physics*. London: Nelson, 2005.
5) James T. Cushing, *Quantum Mechanics: Historical Contingency and the Copenhagen Hegemony*. Chicago: University of Chicago Press, 1994에서 주장한 내용을 보라.
6) 논쟁과 쟁점에 대해서는 Bernard Carr (ed.), *Universe or Multiverse?* Cambridge: Cambridge University Press, 2007에 실린 논문집을 보라.
7) Helge S. Kragh, *Conceptions of Cosmos: From Myths to the Accelerating Universe: A History of Cosmology*. Oxford: Oxford University Press, 2006.
8) Richard Dawkins, 'Darwin Triumphant', in *A Devil's Chaplain: Reflections on Hope, Lies, Science and Love*. New York: Mariner Books, 2004, pp. 78-90, p. 81에서 인용.

9) Richard Dawkins, *The Selfish Gene*, 2nd edn. Oxford: Oxford University Press, 1989, p. 330.
10) 대안을 모색 중인 선도적 사상가의 논문집으로는 Carr (ed.), *Universe or Multiverse?*를 보라.
11) 예를 들어 Susan Haack, *Evidence and Inquiry*. Oxford: Blackwell, 1993에서 다룬 '증거'(evidence)와 '근거'(warrant) 사이의 관계에 대한 주요 논의를 보라.
12) James Robert Brown, *Philosophy of Mathematics: An Introduction to the World of Proofs and Pictures*. London: Routledge, 1999, pp. 71-78; George Boolos, 'Gödel's Second Incompleteness Theorem Explained in Words of One Syllable'. Mind 103 (1994), pp. 1-3.
13) 대단히 깊은 영향을 남긴 토론에 대해서 John Lucas, "Minds, Machines and Gödel". *Philosophy* 36 (1961), pp. 112-127를 보라.
14) 자신의 이론에 우려를 표명한 F. W. Hutton에게 다윈이 내놓은 유명한 논평을 보라. *The Life and Letters of Charles Darwin*, ed. F. Darwin, 3 vols. London: John Murray, 1887, vol. 2, p. 155.
15) Pietro Corsi, "Before Darwin: Transformist Concepts in European

Natural Hisotory". *Journal of the History of Biology* 38 (2005), pp. 67-83.
16) 이런 난점에 대한 논의로는 Abigail J. Lustig, 'Darwin's Difficulties', in *The Cambridge Companion to the 'Origin of Species'*, ed. Michael Ruse and Robert J. Richards. Cambridge: Cambridge University Press, 2009, pp. 109-128를 보라.
17) 여기서 Michael Bulmer, "Did Jenkin's Swamping Argument Invalidate Darwin's Theory of Natural Selection?" *British Journal for the History of Science* 37 (2004), pp. 281-297를 보라.
18) Charles Darwin, *Origin of Species*. London: John Murray, 1859, p. 171.
19) Gauch, *Scientific Method in Practice*, p. 152.
20) Julia Kristeva, *The Incredible Need to Believe*. New York: Columbia University Press, 2009, p. 3. 그녀의 일반적 관점은 현대 철학에서 널리 받아들여지고 있다. 예를 들어 Slavoj Žižek, *How to Read Lacan*. London: Granta, 2007, pp. 93-94. 「How to Read 라캉」(웅진지식하우스); John Cottingham, *Why Believe?* London: Continuum, 2009.
21) Bas C. van Fraassen, *The Scientific Image*. Oxford: Oxford University Press, 1980, pp. 202-203.

22) Dawkins, 'Science, Genetics and Ethics', in *A Devil's Chaplain*, pp. 27-37; p. 34에서 인용.
23) John Dupré, "Against Scientific Imperialism". *PSA: Proceedings of the Biennial Meeting of the Philosophy of Science Association 2* (1994), pp. 374-381.
24) 비판에 대해서는 다음을 보라. Frederick A. Olafson, *Naturalism and the Human Condition: Against Scientism*. London: Routledge, 2001; Mikael Stenmark, *Scientism: Science, Ethics and Religion*. Aldershot: Ashgate, 2001. 이 문제에 담긴 미묘한 어감 차이에 대해서는 Susan Haack, *Defending Science—Within Reason: Between Scientism and Cynicism*. Amherst, NY: Prometheus Books, 2003를 보라.
25) Hilary Putnam, 'Was Wittgenstein Really an Anti-Realist about Mathematics?', in *Wittgenstein in America*, ed. Timothy C. McCarthy and Sean C. Stidd. Oxford: Oxford University Press, 2001, pp. 140-194. pp. 185-186에서 인용.
26) Sam Harris, *The Moral Landscape: How Science Can Determine Human Values*. New York: Free Press, 2010.

27) 특히 Ruth Anna Putnam, 'Perceiving Facts and Values'. *Philosophy* 73/283 (1998), pp. 5-19의 분석을 보라. Putnam은 여기서 윤리적 객관성에 이르려는 모든 '과학적' 시도에 깃든 은밀한 주관성을 지적한다.
28) 예를 들어, 이 저서에 대한 New York Times의 통찰력이 있는 서평을 보라. Kwame Anthony Appiah, "Science knows best". *New York Times*, 1 October 2010.
29) Peter B. Medawar, *The Limits of Science*. Oxford: Oxford University Press, 1985, p. 66.
30) Stephen Jay Gould, "Impeaching a Self-Appointed Judge". *Scientific American* 267/1 (1992), pp. 118-121.
31) Thoma Dixon, "Scientific Atheism as a Faith Tradition". *Studies in History and Philosophy of Science* C 33 (2002), pp. 337-359.
32) Jeffrey Burton Russell, *Inventing the Flat Earth: Columbus and Modern Historians*. New York: Praeger, 1991.
33) 최고의 연구서는 John Hedley Brooke, *Science and Religion: Some Historical Perspectives*. Cambridge: Cambridge University Press, 1991이다.
34) 구 소련의 유전학 발전에서 이 연구소가 한 역할에 대해서는 A. E. Gaissino-

vitch, 'The Origins of Soviet Genetics and the Struggle with Lamarckism, 1922-1929'. *Journal for the History of Biology* 13 (1980), pp. 1-51를 보라.
35) Dimitry V. Pospielovsky, *A History of Marxist-Leninist Atheism and Soviet Anti-Religious Policies*, 2 vols. New York: St Martin's Press, 1987.
36) 예를 들어 다음의 최신 연구를 보라. David B. Wilson, 'The Historiography of Science and Religion', in *Science & Religion: A Historical Introduction*, ed. Gary B. Ferngren. Baltimore: Johns Hopkins University Press, 2002, pp. 13-39; Thomas Dixon, G. N. Cantor and Stephen Pumfrey (eds), *Science and Religion: New Historical Perspectives*. Cambridge: Cambridge University Press, 2010.
37) Ronald L. Numbers (ed.), *Galileo Goes to Jail and Other Myths About Science and Religion*. Cambridge, MA: Harvard University Press, 2009를 보라.
38) Richard Dawkins, *The God Delusion*. London: Bantam, 2006, pp. 66-69.
39) Paul Parson, "How to Sell Science to the Big Brother Generation". *New Scientist*, 3 December 2008.
40) <http://richarddawkins.net/articles/3382>

41) 이 논쟁은 당시 진지한 문화적 쟁점을 다루던 TV채널 BBC Third Programme 에서 방영되었다. 이 논쟁은 현대 토론사의 이정표로 남아 있다. 이 논쟁의 원고에 대해서는 Al Seckel, *Bertrand Russell on God and Religion*. Buffalo, NY: Prometheus Books, 1986, pp. 123-146를 보라.
42) 훌륭한 대중적 해설서로는 Simon Singh, *Big Bang: The Origin of the Universe*. New York: Fourth Estate, 2004를 보라.
43) Stan Wallace (ed.), *Does God Exist? The Craig-Flew Debate*. Aldershot: Ashgate, 2003를 보라.
44) 이 문제와 관련하여 Flew의 전향에 대한 자신의 설명은 Anthony Flew, *There Is a God*. New York: HaperOne, 2007를 보라. 「존재하는 신」(청림출판). 도킨스는 그의 전향에 대해 유별나게 가혹한 태도를 보이면서, 노망 난 하찮은 철학자의 "변절이 지나치게 포장된 것"이라고 평가절하한다. Dawkins, *God Delusion*, p. 92.
45) 이런 현상에 대한 상세한 설명과 해석은 Alister E. McGrath, *A Fine-Tuned Universe: The Quest for God in Science and Theology*. Louisville, KY: Westminster John Knox Press, 2009를 보라.
46) Fred Hoyle, "The Universe: Past and Present Reflections". *Annual*

Review of Astronomy and Astrophysics 20 (1982), pp. 1-35. p. 16에서 인용.

47) 이 점에 대한 논의로는 Alister E. McGrath, *Surprised by Meaning: Science, Faith, and How We Make Sense of Things*. Louisville, KY: Westminster John Knox Press, 2011를 보라.

48) Isaiah Berlin, *The Crooked Timber of Humanity: Chapters in the History of Ideas*. London: Pimlico, 2003, pp. 208-213. 이 중요한 논문집의 흥미로운 제목에는 Immanuel Kant의 유명한 경구가 어른거린다. "인간의 굽은 목재에서 곧은 것이 만들어진 적은 한 번도 없다."

49) John Pennington, 'The "Childish Imagination" of John Ruskin and George Macdonald: Introductory Speculations'. *North Wind* 16 (1997), pp. 55-65에서 이 점의 중요성에 주목하라.

50) 이 논쟁에 대해서는 <http://fixed-point.org/index.php/video/35-full-length/164-the-dawkins-lennox-debate>를 보라.

51) <http://richarddawkins.net/audio/1707-debate-between-richard-dawkins-and-john-lennox>

3부

새로운 무신론의 미래

6. 새로운 무신론의 현재

2006년 새로운 무신론은 역동적인 에너지와 열정을 갖고 혜성처럼 등장했다. 전염성 강한 자기 확신과 간결한 구호는 대중 매체를 통해 많은 사람들을 매료시켰다. 수많은 이들이 밝게 "빛나는" 미래를 선언했고, 새로운 무신론에 의해 종교는 사라질 것이라고 말했다.

하지만 지금은 어떻게 되었을까?

몇 년 전 크리스토퍼 히친스는 옥스퍼드 대학교에서 기독교 철학자 존 할데인과 공공 생활에서의 세속주의와 종교의 역할이라는 매우 흥미로운 주제로 논쟁을 했다. 히친스는 이 중요한 주제에 어떤 통찰력을 제시해 주었을까?

어이없게도 매우 적었다. 히친스는 한물간 유행어를 남발하는 개그맨처럼 종교에 대한 형식적인 비난을 끝없이 반복하기만 했다. "옥스퍼드 학생 신문"에 의하면 김빠진 것 같았던 그날 저녁 논쟁의 절정은, 히친스가 그 자리에 있지도 않은 캔터베리 대주교 로완 윌리엄스(Rowan Williams)를 향해 "양의 탈을 쓴 승냥이"[1]라고 비아냥거리며 비하한 대목이었다. 하지만 히친스의 이 비유마저 재탕이었다. 히친스는 전에도 자신의 의견에 반대하는 성직자들을 향해 이런 표현을 여러 차례 사용하면서 비하한 적이 있었다.[2] 영국 극작가 리처드 쉐리던(Richard Sheridan)의 표현을 빌려 말하면, 히친스는 추억 속의 농담과 상상이 만들어 낸 자기만의 세상에 빠져 사는 것 같다.[3]

히친스가 대주교의 비판을 애써 무시하려 하지만, 새로운 무신론자들에 대한 캔터베리 대주교의 근본적 비판, 즉 새로운 무신론자들은 엄연한 실재를 무시한 채 종교의 안일하고 나태하고 퇴락한 모습을 희화화하거나 공격하고 있을 뿐, 자신들만의 설득력 있는 주장을 펼치지 못하고 있다는 비판에서 벗어나지 못한다.

새로운 무신론에 대한 회의

최근 무신론 블로그에는 지적인 우위를 점하려 했던 무신론 운동의 실패를 개탄하는 날카로운 자아 비판이 자주 등장한다. 이성과 과학에 대한 자신들의 호소가 신을 믿는 믿음에 결정적인 타격을 주기는커녕 다른 사람들에게조차 전혀 설득력을 얻지 못했다고 말이다. 실제로 새로운 무신론자들에게는 무척 화나는 일이겠지만, 기독교 변증가들이 오히려 기독교 신앙의 합리성과 타당성을 주장하면서 이성과 과학을 더 적극적으로 사용하고 있다. 최근에는 기독교 신앙의 본질적인 합리성을 주장하는 책들이 어느 때보다 많이 출간되고 있다. 이런 이유로 새로운 무신론자들은, 자신의 무기가 도리어 자신을 공격하는 효과적인 무기로 사용된다는 사실에 매우 당황하고 있다.

 엎친 데 덮친 격으로, 전반적으로 우리 사회가 종교의 '병적' 역할에 대한 새로운 무신론자들의 분석에 점차 동의하지 않고 있다. 새로운 무신론자들의 눈에는 분명하게 보이는 9/11 배후의 종교적 극단주의를 왜 대중 지식인들은 보지 못할까? 왜 버락 오바마는 대선 캠페인에서 종교적 믿음을 폐기하기는커녕 칭송했는가? 망상에 빠져 있는 것은 아닐까?

 이런 상황은 미국에서만 일어나고 있는 게 아니다. 몇 년 전 교황 베네딕트 16세가 영국을 방문하려 하자, 리처드 도킨스와 크리스토퍼 히친스는 교황을 '반인륜적 범죄자'로 선언하고 그의 체포를 요구하며, 교황을 거부하는 대중 집회를 개최하려고 했다. 물론 교황은 체포되지 않았다. 오히려 교황을 환영하러 모인 열렬한 군중이 그를 거부하러 모인 사람들보다 압도적으로 많았다. 대중은 "사제복을 걸친 눈이 째진 늙은 악당"(도킨스의 표현)이 아니라, 경청할 만한 가치가 담긴 메시지를 전하는 약하지만 지적이고, 지각 있는 한 사람에게 눈을 고정했다. 특히 영국 정치 기관은 교황의 예리하면서도 차분한 연설에 크게 관심을 가졌다. 이런 일련의 일들로 인해 수적으로 취약할 뿐만 아니라 문화적으로도 고립되어 있던 새로운 무신론의 실체가 드러나고 말았고, 결국 교황의 방문이 끝난 뒤 영국의 가장 세속적인 신문사인 "인디펜던트"지는 "교황 베네딕트 16세에게…사과함"이라는 기사를 실어야 했다.[4]

새로운 무신론자들의 조롱 방법

휴머니스트 브라이언 엡스타인은, 이성과 과학으로 인해 실패한 새로운 무신론의 전략이 이제 "사람들로 하여금 창피하고 부끄럽게 만들어 종교에서 돌아서도록 하기 위해, 호전적인 신을 믿는 것이 얼마나 어리석은지 윽박지르는 것"으로 바뀌었다고 지적했다(이를 우리는 이미 2장에서 자세히 살펴보았다). 그 중에서도 탐구 센터(Center for Inquiry)―이 센터는 자신들을 미국 세속주의의 지적 발전소라고 홍보하며 새로운 무신론과 긴밀한 관계를 맺고 있다―가 첫 번째 "모독의 날"로 선정한 2009년 10월 30일은 그들의 이러한 실패를 보여 주는 대표적 사례다. 언론의 자유를 이용해 종교와 종교인들을 모독하려는 목적으로 탐구 센터는 이날 미술 전시회를 대대적으로 열었다. 전시회에 진열된 작품들 가운데는 "못에 매니큐어를 칠하는 예수"라는 제목의 그림도 포함되어 있었는데, 이 그림은 자신의 손을 십자가에 박을 못에 매니큐어를 칠하고 있는 여성적인 예수를 그린 작품이었다.

탐구 센터의 최고책임자 로널드 린지(Ronald A. Lindsay)는 이 그림을 비롯한 다른 전시 작품들을 "사려 깊고, 예리하고, 명쾌하게 종교를 비판한 작품"이라고 높이 평가했다.[5] 사실 그의 말은 대다수 사람들과는 상당히 거리가 있는 발언이었다. 왜냐하면 그와는 달리 다른 많은 무신론자들은 그 전시회에 매우 크게 실망했기 때문이다. 탐구 센터의 고문 스튜어트 조던(Stuart Jordan) 같은 이는 그와 같은 공격적인 전시 작품이 분명 무신론에 역효과를 가져올 것이라고 확신했다. 신앙 문제를 놓고 사람들을 공개적으로 모독해서 얻을 수 있는 것이 정녕 무엇이란 말인가? 그는 결코 "못에 매니큐어를 칠하는 예수" 같은 작품을 전시하고 싶지 않았다.

조던에게 이번 사건은 미국 무신론 운동 내부에서 이 운동의 미래에 대한 심각한 논쟁이 일기 시작했다는 어떤 표지로 보였다. 이를 조금 더 명확하게 알기 위해 우리는 폴 커츠(Paul Kurtz)의 안타까우면서도 교훈적인 이야기를 생각해 볼 필요가 있다.

1924년생인 폴 커츠는 많은 이들에게서 새로운 무신론의 대부로 평가받는 가장 뛰어난 세속적 휴머니스트 가운데 한 사람이었다. 커츠는 1970년대 말과 1980년대 초, 미국의 휴머니즘을 세속적인 방향으로 선회시키는 데 매우 큰 공헌을 했다. 그는 주로 미국 휴머니즘 역사의 종교적 기원은 최대한 제거하고, 종교적 형식의 연대와 헌신은 지속하게 하는 방식으로 그 일을 해 냈다. 1933년에 발표된 최초의 미국 "휴머니즘 선언"에는 종교적 휴머니즘을 인정하는 구체적인 표현들이 들어 있었는데, 커츠는 이 미국 휴머니스트 연합(American Humanist Association)의 방향을 바꾸기 위해 더 세속적인 형태의 휴머니즘을 열렬히 지지하는 세속적 휴머니즘 위원회(Council for Secular Humanism)를 만들었다. 그리고 그는 동료들과 함께 종교의 가능성을 인정하는 기존의 전통과 거리를 두는 새로운 휴머니즘의 비전을 제시하는 "휴머니즘 선언 II"를 1973년에 제정했고,[7] 이 세속적 휴머니즘을 널리 홍보하기 위해 1991년 탐구 센터를 설립했다.

여기서 우리는 다음과 같은 의문을 떠올릴 수 있다. 어떻게 폴 커츠 같은 지적인 사람이, "모독의 날"이 실패하도록 방치해 두었을까? 답은 간단하다. "모독의 날"은 그가 계획한 것이 아니었다. 그는 더욱 전투적이고 공격적이기로 작심한 탐구 센터에서 "모독의 날"이 열리기 3개월 전에 쫓겨났던 것이다. 이런 상황에 대한 커츠 자신의 다음과 같은 설명은 충분히 주목할 가치가 있다. 무엇보다 그가 스스로 '사직'했다는 탐구 센터의 짧은 보도와 비교해 보면 더욱 그렇다.

나는 2009년 6월 1일 국제 탐구 센터 의장직에서 잔인하게 축출당했다. 내가 스스로 사임했다는 센터 측의 말은 터무니없는 거짓말이다. 사실을 은폐하려는 최고 책임자[로널드 린지]의 비열하고 거짓된 행위에 나는 걸고 휘둘리지 않을 것이다. 이번 사건은 탐구 센터를 장악하기 위한 명백하고 분명한 쿠데타였다.[8]

커츠는 새로운 리더십 아래서 당시 이 단체가 취한 공격 지향적인 방향 전환에 경악했다. 그는 이 새로운 무신론의 공격성이 기존의 무신론에 나쁜 영향을 미칠 것이라고 확신했다. "화가 나 있는 무신론은 통하지 않을 것이다!"[9] 실제로 새로운 무신론은 상대방을 이해하고 대화하려 하지 않고, 그저 비아냥거리는 편협한 근본주의로 평가되고 있다. 커츠는 이 '무신론적 근본주의'가 근본적으로 "비열한 정신을 갖고" 있다고 신랄하게 비판했다.

몇 년 전 나는 리처드 도킨스의 최근 저작에 등장하는 특정 형태의 무신론을 지칭하기 위해 '무신론적 근본주의'라는 표현을 사용했다. 흥미롭게도 한 선도적 무신론자가 내가 만든 이 용어에 솔직하게 공감을 표하며, 도를 넘어선 새로운 무신론을 향해 이 표현을 그대로 사용했다. 나는 아이리스 머독처럼 학문적으로 사려 깊고, 문화적으로 존경받는 무신론 저자나, 혹은 지적으로 중도적인 태도를 갖고 있는 '중립적인 무신론'을 지칭하는 데 이 표현을 사용할 생각이 없다. 하지만 새로운 무신론이 끔찍한 종교 근본주의를 너무나 닮았을 뿐 아니라, 이 표현이 새로운 무신론의 그러한 교조적 편협성을 묘사하는 데 적합하다는 것은 부인할 수 없는 사실이다.

커츠는, 이와 같은 "공격적이고 전투적인 시기"가 무신론 운동에 영원한 상처를 남기기 전에 무신론 역사에서 사라지길 진심으로 바라고 있다. 그는 이런 "교조적 태도는 이것 아니면 저것이라는 흑백 논리의 진리를 주장하며, 여기에 반대하는 사람은 누구든 바보 취급을 하려 한다"고 비판한다. 새로운 무신론이 대중의 공감과 신뢰를 잃고 말았다는 그의 평가는 어쩌면 너무나 당연한 일일 것이다.

내가 아는 무신론자들은 대부분 교양 있고 겸손한 사람들이다. 내가 반대하는 것은, 종교인에 대해 고정관념을 갖고 불가지론자나 회의론자, 혹은 종교에 무관심한 이들과 일체 대화를 하지 않으면서 그들을 비열하게 조롱하는

전투적인 무신론자들이다.[10]

커츠가 보기에, 새로운 무신론의 공격성은 무신론의 대중적 명성에 큰 상처를 입히고 있다. 불행하게도 그 상처는 비판자들이 아니라 자신들 스스로가 입힌 것이다. 대중 매체가 세속적 휴머니스트 운동 내부의 '분열' 혹은 '내분'에 관심을 갖는 이유가 바로 그 때문이다.

새로운 무신론 측에서 제기하는 일부 문제가 대중적 호소력을 여전히 지니고 있기는 하지만, 지적인 면에서 그것의 설득력을 상당히 잃어버렸음은 매우 분명하다. 그러면 이 운동은 도킨스와 데닛의 무신론 옹호에서 매우 중요한 핵심 요소였던 사이비 과학 개념인 '밈' 같은 처지가 될 것인가? 다시 말해 (1장에서 자세히 인용했던) "사람들을 계몽하기보다 한층 더 모호하게 만드는 결과를 낳은 일시적 유행"이 되고 말 것인가? 이제 마지막으로 이 점을 살펴보도록 하자.

주

1) *Oxford Student*, 19 May 2010. "뛰어난 저술가이자 논평가인 크리스토퍼 히친스는 5월 12일 옥스퍼드에서 열린 세속주의 논쟁에서 캔터베리 대주교를 가리켜 '양의 탈을 쓴 승냥이'라고 말했다."
2) 예를 들어, 그가 2007년 7월 18일에 방송된 BBC Radio Five에서 Simon Mayo와 가진 인터뷰에서 Mayo를 충격에 빠뜨린 이 말이 많은 새로운 무신론 블로거들을 기쁘게 했다. Richard Dawkins 웹 사이트에 올라온 다음 댓글이 보여 주듯이 다른 이들은, 이런 말이 새로운 무신론의 대중적 이미지에 입힌 명백한 악영향을 심각하게 우려했다. "전화 연결된 목사에게 날린" 히친스의 "비열한 언사, 즉 그를 향해 '양의 탈을 쓴 승냥이'라고 부른 것은 무엇보다 히친스가 거만한 작자임을 입증하는 것이다." <http://richarddawkins.net/audio/1304-interview-with-richard-dawkins>를 보라.
3) Charles A. Shriner. *Wit, Wisdom and Foibles of the Great*. New York : Funk & Wagnalls, 1918, p. 567.
4) *The Independent*, 21 September 2010. 같은 신문의 사설 "Benedicts spoke to Britain", 20 September 2010도 보라.
5) Barbara Bradley Hagarty, "A Bitter Rift Divides Atheists". *National Public Radio*, 19 October 2009. <http://www.npr.org/templates/story/story.

php?storyId=113889251>의 본문.
6) Paul Kurtz, *What Is Secular Humanism?* Amherst, NY: Prometheus Books, 2006를 보라.
7) 본문은 <http://www.americanhumanist.org/Who_We_Are/About_Humanism/ Humanist_Manifesto_II>를 보라.
8) <http://community.beliefnet.com/go/thread/view/43861/18728697/Ron_Lindsay_Steals_Center_for_Inquiry_form_Paul_Kurtz>
9) Mark Ophenheimer, "Closer Look at Rift Between Humanists Reveals Deeper Divisions". *New York Times*, 1 October 2010.
10) Paul Kurtz, "The 'True Unbeliever'". *Free Inquiry* 30/1 (December 2009/January 2010) <http://www.secularhumanism.org/index.php?section= library&page= kurtz_fi_30_1> (저자 강조).

7. 새로운 무신론을 넘어

크리스토퍼 히친스와 나는 많은 점에서 의견을 달리 한다. 나는 캘커타의 마더 테레사를 사랑과 헌신의 마음으로 가난한 이들을 섬겼던 훌륭한 여성으로 생각한다. 솔직히 나는, 그런 사랑과 헌신을 흉내낼 수 없을 거라 생각하지만 그런 그녀를 본받고 싶다. 2장에서 보았듯이, 히친스는 마더 테레사를 "수백만 명"의 인생을 나쁜 길로 인도한 "사기꾼"이요, "매춘부"로 간주한다. 심지어 그는 그녀를 보낼 지옥이 없다는 게 아쉬울 정도라고까지 말했다. 그럼에도 히친스와 나는 적어도 몇 가지 점에서 의견을 같이한다. 그 가운데 하나가, 종교는 사라지지 않을 거라는 점이다. 히친스가 노골적으로 분노를 터뜨리며 말하듯이, 종교는 결코 "뿌리 뽑히지 않을 것이다."[1]

맞다. 내가 성장했던 1960년대 이후 세상은 많이 변했다. 앞 세대에게서 나는, 종교가 사회 생활과 개인 생활에서 사라질 것이라는 지혜의 말을 전해 들었다. 당시 "사회학과 인류학, 심리학의 가장 저명한 인사들은" 프로이트의 표현을 빌려 말하면, 자신들이 "유아기적 종교 환상에 관심을 갖지 않을 새로운 시대가 동터 오는 것을 목도할 것"이라고 한결같이 주장했다.[2] 그러나 한 세대가 지난 오늘, 이런 그들의 주장은 더 이상 들리지 않는다. 오히려 종교가 공적 영역으로 돌아왔다. 세상에서 가장 세속적인 지역으로 알려진 서구 유럽의 진지한 정치가들은, 이제 종교 집단과 어떻게 협력할 것이며, 사회 통합을 어떻게 이루고, 사회적 자본을 강화하는 데 어떻게 종교를 이용할지에 점점 더 관심을 기울이고 있다.[3]

종교의 종말에 대한 식상한 예언과 종교의 해악에 대한 관습적인 비난에도 굴하지 않고, 종교가 여전히 살아 번성하고 있는 이유는 무엇일까? 19세기의 선례를 따라[4] 히친스가 내놓는 대답은, 인류의 본성이 원래 미신적이라는 것이다. 인간은 이제 종교와 같은 터무니없는 짓을 그만두어야 한다. 본능적 신앙은 잘못된 것이다. 신앙은 과학과 이성의 빛 안에서 교정되어야 한다. 도킨스와 데닛은 이보다 한발 더 나아가, 종교는 본질적으로 진화 과정의 산물이라고 주장한다.[5]

하지만 이런 결론이 갖는 함의에 대한 평가는 말할 것도 없고, 이런 결론에 다다른 논증 과정 자체도 문제투성이다. 인간이 진리를 추구하는 진화 적응력을 갖고 있음이 입증되었다고 가정해 보자. 그렇다고 이런 사실 자체가 종교라는 진리 탐구를 부정하도록 만드는가? 이는 진화의 역사가 우리로 하여금 진리를 추구하게 만드는 것이기에, 우리가 진리를 추구하는 것을 중단해야 한다는 뜻인가? 그렇지 않다!

기독교 신앙을 변호하는 것이 내가 이 책을 쓴 의도는 아니지만[6] 그럼에도 나는 지난 2천 년 동안 인간의 본성에 대한 기독교의 공통된 이해가, 인간은 신을 그리워하는 본능을 지니고 있으며, 또 그러는 것이 당연한 것이라고 말하고 있다는 사실을 지적하지 않을 수 없다.[7] 르네상스 시대의 시인 프랜시스 쿠올리즈(Francis Quarles)의 비유를 인용해 말하면, 우리의 영혼은 신이라는 자석에 끌리는 바늘과 같다. 신은 정의를 향한 갈망이나 이 세상을 더 나은 곳으로 만들려는 깊은 욕구와 마찬가지로 인간의 역사에서 결코 제거되지 않는다. 우리 모두는 고향으로 돌아가려는 귀소 본능을 갖고 있는데, 이는 기독교의 신약 성경이 말하는 핵심 주제 가운데 하나다. 아우구스티누스의 유명한 고백처럼, 우리는 하나님을 갈망할 수밖에 없는 존재로 창조되었다. "당신은 당신을 위해 우리를 창조하셨고, 당신 안에서 안식을 누리기까지 우리의 영혼은 안식을 누릴 수 없습니다." 기독교가 사람들에게 그토록 강한 매력을 지닌 이유 중 하나는, 바로 인간의 이와 같은 경험과 바로 기독교의 진리가 강력하게 공명하기 때문이다.

리처드 도킨스와 대니얼 데닛은, 신을 믿는 기제가 왜 인간 안에 내장되어 있는지를 설명하기 위해 과학적으로 확정된 결과인 것처럼 통용되는 추론으로 자신들의 두꺼운 책의 상당 부분을 할애한다. 하지만 여기서 도킨스와 데닛은 핵심을 상당히 비껴간다. 그들은 종교적 신념에 대한 나름의 '과학적' 설명을 제시하기만 하면, 기독교의 신뢰성이 무너질 것이라고 생각했던 것 같다. 얼핏 보기에 그들의 설명은, 신을 그리워하고, 선한 일을 갈망하고, 긍휼을 베풀거나, 억압받는 이들을 감싸안으려는 인간의 기제를 제법 명확히 설명하는 것 같다. 그러나 그런 '설명'으로는 인간인 우리 존재의 일부이자, 우리 안에 내재된—그리고 우리 너머에 존재하는—참된 가능성을 향한 그와 같은 깊은 본능을 규명해 내거나 부정하지 못한다.

여기서 이 문제를 자세히 다룰 수는 없다. 새로운 무신론의 신념이나 다른 세계관들처럼 기독교 신앙은 궁극적으로 이성의 최종 증명 너머에 있다. 하지만 최근 전 세계적으로 일고 있는 신앙에 대한 관심의 부흥을 이해하고, 이것이 더 공격적인 형태의 세속주의에 대해 갖는 의미를 이해하는 데 신념은 매우 중요하다. 최근에 정치철학자 찰스 테일러(Charles Taylor)는 '세속적 시대'의 등장에 대한 권위 있는 분석을 마무리하면서, 종교는 사라지지 않을 것이고 그럴 수도 없다는 결론을 내린다. 인간의 고유한 본성, 무엇보다 프랑스 철학자이자 정치 역사가 샹탈 밀롱-델졸(Chantal Millon-Delsol)이 말한 "영원의 욕구"(désir d'éternité) 때문이라고 말이다.[8] 인간의 본성에는 합리적이고 실증적인 한계를 넘어서, 의미와 중요성을 추구하게 만드는 그 무엇인가가 분명 존재한다.

테일러가 보기에, 사실 인간 본성의 근원적 특징은 순전히 '세속적인' 관점에서 파악될 수 있는 것이 아니다.[9] 종교적 신념과 행동은 인간 본성의 씨앗과 함께 작동한다. 인간의 본성 혹은 열망에 대한 어떤 설명도 이 점을 간과해서는 안 된다. 그러나 수많은 사람들이 종교를 통해 해방과 지지를 경험한다는 명백한 사실을 다루는 일에서 새로운 무신론자들도 다른 이들과 마찬가지로 실패하고 말았다.

역설적인 것은, 종교에 대한 새로운 무신론의 끝없는 분노가 뜻밖에도 신과 관련된 문제 전체에 엄청난 관심을 불러일으켰다는 점이다. 새로운 무신론의 분노가 많은 사람들로 하여금 신과 신앙에 관한 이야기의 다른 측면을 생각해 보도록 자극한 것이다.

몇 년 전 강의가 끝나자마자 한 젊은이가 나를 찾아와 내가 쓴 「기독교 신학 개론」(*Christian Theology*)에 사인을 해 달라고 부탁했다. 사인을 해주며 나는 그 젊은이에게 신학을 공부하게 된 계기가 무엇이냐고 물었다. 그는 일 년 전 쯤 리처드 도킨스의 「만들어진 신」을 읽고서 그의 주장이 너무나 편협하고 비합리적이라고 느껴 반대편 의견이 무엇인지 알고 싶다는 생각을 하게 되었으며, 그래서 교회에 출석하기 시작했고, 얼마 후 진품을 앞에 두고 모조품 신앙을 고집할 수 없음을 깨달아 과감하고 기쁜 마음으로 기독교로 개종하게 되었다고 말했다. 그리고 나서 그 젊은이는 이렇게 말했다. "도킨스가 없었다면, 저는 신에 대해 생각해 보지 않았을 거예요."

책에 사인을 하는 동안 젊은이는 평소 갖고 있던 신학적인 질문 하나를 나에게 마지막으로 했다. 자신이 회심하는 과정에 도킨스의 책이 도구가 되었다면, 신이 도킨스에게 감사하겠냐고.

나는 아직까지 그 젊은이가 던진 질문에 대한 답을 찾지 못하고 있다.

주

1) Christopher Hitchens, *God Is Not Great: How Religion Poisons Everything*. New York: Twelve, 2007, p. 12.
2) William S. Bainbridge and Rodney Stark, *The Future of Religion: Secularization, Revival, and Cult Formation*. Berkeley, CA: University of California Press, 1985, p. 1.
3) 이런 경향에 대한 뛰어난 연구서로는 Luke Bretherton, *Christianity and Contemporary Politics: The Conditions and Possibilities of Faithful Witness*. Oxford: Wiley-Blackwell, 2010를 보라.
4) 여기 히친스의 주장은 대부분 John Trenchard의 *Natural History of Superstition* (1709)에서 이미 다뤄진 것들이다.
5) 이 내용에 관한 최근 논의의 개요로는 다음을 보라. Tom Sjöblom, 'Spandrels, Gazelles and Flying Buttresses: Religion as Adaptation or as a by-Product'. *Journal of Cognition and Culture* 7 (2007), pp. 293-312; Alister E. McGrath, *Darwinism and the Divine*. Oxford: Blackwell, 2011, pp. 254-267.
6) 다음 저서도 보라. Tom Wright, *Simply Christian: Why Christianity Makes Sense*. San Francisco: HarperOne, 2006. 「톰 라이트와 함께하는 기독교 여행」(IVP).; Timothy J. Keller, *The Reason for God: Belief in an Age of*

Skepticism. New York: Dutton, 2008. 「살아 있는 신」(베가북스).; Alister E. McGrath, *Surprised by Meaning: Science, Faith, and How We Make Sense of Things*. Louisville, KY: Westminster John Knox Press, 2011.

7) John Haldane, "Philosophy, the Restless Heart, and the Meaning of Theism". *Ratio* 19 (2006), pp. 421-440.

8) Charles Taylor, *A Secular Age*. Cambridge, MA: Harvard University Press, 2007, p. 530.

9) Bart van Leeuwen and Francisco Lombo de Leon, "Charles Taylor on Secularization". *Ethical Perspectives* 10 (2003), pp. 80-88.

더 읽을 책

'새로운 무신론'의 고전적 선언

Richard Dawkins, *The God Delusion*. London: Bantam, 2006. 「만들어진 신」(김영사).

Daniel C. Dennet, *Breaking the Spell: Religion as a Natural Phenomenon*. New York: Viking Penguin, 2006. 「주문을 깨다」(동녘사이언스).

Sam Harris, *The End of Faith: Religion, Terror, and the Future of Reason*. New York: W. W. Norton, 2004. 「종교의 종말」(한언출판사).

Sam Harris, *Letter to a Christian Nation*. New York: Knopf, 2006. 「기독교 국가에 보내는 편지」(동녘사이언스).

Christopher Hitchens, *God Is Not Great: How Religion Poisons Everything*. New York: Twelve, 2007. 「신은 위대하지 않다」(알마).

새로운 무신론의 방법을 지지하지 않는 다른 무신론 저서

Ressell Blackford (ed.), *50 Voices of Disbelief: Why We Are Atheists*. Malden, MA: Wiley-Blackwell, 2009. (A very uneven collection)

Paul W. Kurtz, *Multi-Secularism: A New Agenda*. Piscataway, NJ: Transaction Publishers, 2010.

John W. Loftus, *The Christian Delusion: Why Faith Fails*. Amherst, NY:

Prometheus Books, 2010.

David Mills, *Atheist Universe: The Thinking Person's Answer to Christian Fundamentalism*. Berkeley, CA: Ulysses Press, 2006.

Micheal Onfray, *Atheist Manifesto: The Case against Christianity, Judaism, and Islam*. New York: Arcade, 2007.

Darrel W. Ray, *The God Virus: How Religion Infects Our Lives and Culture*. Bonner springs, KS: IPC Press, 2009

Victor J. Stenger, *God: The Failed Hypothesis: How Science Shows That God Does Not Exist*. Amherst, NY: Prometheus Books, 2008.

Victor J. Stenger, *The New Atheism: Taking a Stand for Science and Reason*. Amherst, NY: Prometheus Books, 2009.

새로운 무신론에 대한 기독교와 세속적 관점에서의 비판 도서

Karen Armstrong, *The Case for God*. New York: Knopf, 2009.

Tina Beattie, *The New Atheists: The Twilight of Reason and the War on Religion*. London: Darton, Longman & Todd, 2007

David Berlinski, *The Devil's Delusion: Atheism and its Scientific Pretensions*. New York: Basic Books, 2009.

William T. Cavanaugh, *The Myth of Religious Violence*. Oxford: Oxford University Press, 2009.

John Cornwell, *Darwin's Angel: A Seraphic Response of the God Delusion*. London: Profile Books, 2007.

William Lane Craig and Chad V. Meister (eds), *God Is Great, God Is Good: Why Believing in God Is Reasonable and Responsible*. Downers Grove, IL: InterVarsity, 2009.

Thomas Crean, *God Is No Delusion: A Refutation of Richard Dawkins*. San

Francisco: Ignatius Press, 2007.

Dinesh D'Souza, *What's So Great About Christianity*. Washington, DC: Regnery, 2007.

Terry Eagleton, *Reason, Faith, and Revolution: Reflections on the God Debate*. New Haven, CT: Yale University Press, 2009.

David Fergusson, *Faith and Its Critics: A Conversation*. Oxford: Oxford University Press, 2009.

Scott Hahn, *Answering the New Atheism: Dismantling Dawkins' Case Against God*. Steubenville, OH: Emmaus Road, 2008.

David Bentley Hart, *Atheist Delusions: The Christian Revolution and Its Fashionable Enemies*. New Haven, CT: Yale University Press, 2009.

John F. Haughts, *God and the New Atheism: A Critical Response to Dawkins, Harris, and Hitchens*. Louisville, KY: Westminster John Knox Press, 2008.

Timothy J. Keller, *The Reason for God: Belief in an Age of Skepticism*. New York: Dutton, 2008.

John Lennox, *God's Undertaker: Has Science buried God?* Oxford: Lion, 2007.

Alister McGrath and Joanna Collicutt McGrath, *The Dawkins Delusion? Atheist Fundamentalism and the Denial of the Divine*. London: SPCK, 2007. 「도킨스의 망상」(살림).

Alister E. McGrath, *Surprised by Meaning: Science, Faith, and How We Make Sense of Things*. Louisville, KY: Westminster John Knox Press, 2011.

Ian S. Markham, *Against Atheism: Why Dawkins, Hitchens, and Harris are Fundamentally Wrong*. Oxford: Blackwell, 2010.

R. Albert Mohler, *Atheism Remix: A Christian Confronts the New Atheists*. Wheaton, IL: Crossway Books, 2008.

David G. Myers, *A Friendly Letter to Skeptics and Atheists: Musings of Why God is Good and Faith isn't Evil*. San Francisco, CA: Jossey-Bass, 2008. 「기독교를 믿을 수 없는 17가지 이유」(IVP).

Michael Novak, *No One Sees God: The Dark Night of Atheists and Believers*. New York: Doubleday, 2008.

David Robertson, *The Dawkins Letter: Challenging Atheist Myths*. Tain, Ross-shire: Christian Focus, 2007.

Robert B. Stewart, *The Future of Atheism: Alister McGrath and Daniel Dennett in Dialogue*. Minneapolis: Fortress Press, 2008.

Keith Ward, *Why There Almost Certainly Is a God: Doubting Dawkins*. Oxford: Lion Hudson, 2008.

Tom Wright, *Simply Christian: Why Christianity Makes Sense*. San Francisco: HarperOne, 2006.

Ravi K. Zacharias, *The End of Reason: A Responce to the New Atheists*. Grand Rapids, MI: Zondervan, 2008.

옮긴이 이철민은 연세대학교 영어영문학과를 졸업하고, IVF와 IVP에서 사역한 후 장로회신학대학원에서 신학을 공부했다. 현재 IVF 학사사역부 간사와 예수길벗교회 협력목사로 섬기고 있다. 옮긴 책으로는 「IVP 성경주석」, 「IVP 성경배경주석」, 「IVP 성경난제주석」, 「톰 라이트 에브리원 주석 시리즈」(이상 공역, IVP), 「교회는 인소싱이다」(국제제자훈련원) 등이 있다.

신 없는 사람들

초판 발행_ 2012년 11월 9일

지은이_ 알리스터 맥그래스
옮긴이_ 이철민
펴낸이_ 신현기

펴낸곳_ 한국기독학생회출판부
등록번호_ 제313-2001-198호(1978.6.1)
주소_ 04031 서울시 마포구 동교로 156-10
대표 전화_ (02)337-2257 팩스_ (02)337-2258
영업 전화_ (02)338-2282 팩스_ 080-915-1515
홈페이지_ http://www.ivp.co.kr 이메일_ ivp@ivp.co.kr
ISBN 978-89-328-1280-9

ⓒ 한국기독학생회출판부 2012

책값은 뒤표지에 있습니다.
무단 전재와 복제를 금합니다.